三联生活周刊 中读·文丛

愿你
心中有一个
广阔宇宙

陈赛 著

中信出版集团 | 北京

图书在版编目（CIP）数据

愿你心中有一个广阔宇宙 / 陈赛著. -- 北京：中信出版社, 2021.7
　ISBN 978-7-5217-2690-9

Ⅰ.①愿… Ⅱ.①陈… Ⅲ.①儿童－阅读辅导－文集 Ⅳ.①G252.17-53

中国版本图书馆CIP数据核字(2021)第010396号

愿你心中有一个广阔宇宙

著　　者：陈　赛
出版发行：中信出版集团股份有限公司
　　　　　（北京市朝阳区惠新东街甲4号富盛大厦2座　邮编　100029）
承　印　者：北京启航东方印刷有限公司

开　　本：880mm×1230mm　1/32　　印　张：12　　字　数：300千字
版　　次：2021年7月第1版　　　　　印　次：2021年7月第1次印刷
书　　号：ISBN 978-7-5217-2690-9
定　　价：78.00元

版权所有·侵权必究
如有印刷、装订问题，本公司负责调换。
服务热线：400-600-8099
投稿邮箱：author@citicpub.com

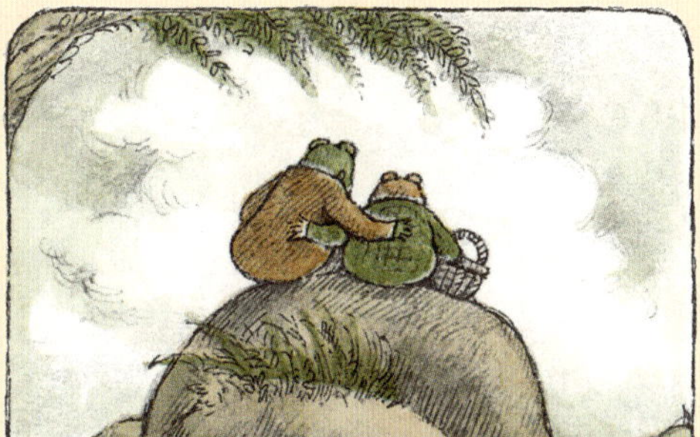

目录

自序 / V

Part 1 那些经典童书的光

E. B. 怀特的童话 / 003
阁楼上的光——谢尔·希尔弗斯坦的童诗 / 016
遥远不够远——汤米·温格尔的恐惧与温柔 / 032
人人心中都有一个姆明谷 / 042
你真正想要的,到底是什么? / 054

Part 2 与当代著名童书作家对话

黑暗与魔法 / 063
于最日常处见魔法 / 077
愿上帝保佑这些傻里傻气 / 083
一本书,一千个故事 / 097
追随另一种目光看世界 / 107
人生苦短,我们得拿它开点玩笑 / 116
关于孩子的友谊 / 127
几乎所有孩子都想要换掉爸爸妈妈吗? / 138
奥利弗·杰夫斯的双重目光 / 149
霍金先生,如果我掉进黑洞会怎么样? / 157
你好,灯塔 / 164
人生有很多种可能性,但你可以选择活成一颗水煮蛋的样子 / 173

Part 3 那些关于成长的秘密

在丰足的自然中长大 / 191
看虫子打架才是孩子该做的正经事 / 201
愿他们长大了,温柔敦厚而不愚 / 218
我们应该如何过一种更好玩的生活? / 224
狼、鸭子和老鼠——诗意的信仰 / 239
少年侦探的洞察力 / 244
为什么我们喜欢消费"坏爸爸"? / 255
千万别让鸽子开巴士 / 262
美丽的错误——错误通往创造力 / 267

Part 4 孩子,让我带你去那花花世界

如何让孩子爱上音乐? / 273
怎么跟孩子逛博物馆 / 279
如何给孩子讲远方的神话 / 283
惊奇之心 / 296
一切能想象的,都是真的 / 301
如何带孩子认知真实世界? / 317

Part 5 那些古中国的旧欢如梦

爸爸的房子 / 329
少女心,英雄梦 / 340
《洛神赋》——问世间情为何物 / 350
在高山大河里读懂中国 / 367

自序

上了小学以后,我和虫虫睡前阅读的时间在减少,但偶尔还是会拿出他最喜欢的《小熊维尼》,有一搭没一搭地读上一段。

在最后一章,克里斯托弗要离开百亩森林了,他隐隐觉得他的世界要发生变化,也许未必会变得更好。

然后,他和维尼之间有一段对话——

"维尼?"

"是的,克里斯托弗。"

"我不会再做没用的事情了。"

"永远吗?"

"不那么多了,他们不让。"

维尼的脑子并不真正理解这句话的意思。他不知道克里斯托弗是在跟他分别。他也不知道,这种分别意味着他的死亡,毕竟,他只活在克里斯托弗的想象里。

以前读到这里,我总是忍不住感到一阵酸楚。我的孩子也在渐渐长大，一部分的他也在消失，或者说，只能永远地留在过去，那何尝不是另一种形式的"死亡"？

但最近，我发现自己常常在思考，这样的"死亡"，对克里斯托弗而言，到底意味着什么？我们成年人在其中又扮演着什么样的角色？虽然成长总是伴随着代价，但在这个极速前进、过度焦虑的时代里，我们是否被迫付出了过高的代价？

美国发展心理学家艾莉森·高普尼克曾经用"爱尔兰大角鹿的鹿角"来比喻这个时代的育儿焦虑——"爱尔兰大角鹿是自然选择的结果，鹿角最大的大角鹿在性选择上占有优势，从而繁殖出更多的大鹿角的鹿，但结果是，这些大角鹿什么也做不了，因为它们的角实在太大了"。我想这样的事情正发生在中产阶层的父母身上。家长们可能也意识到这种现象有点太疯狂了，不过一旦开始这种循环，人们就很难从中逃脱。

在追逐最大的鹿角的过程中，孩子们遗失的是什么？父母遗失的是什么？而我们的社会，遗失的又是什么？

美国教育家、人工智能先驱西蒙·派珀特曾将人与知识之间的关系分成三个阶段。

第一个阶段始于婴儿刚刚出生的时候。从出生开始，这个婴儿就开始了学习，他通过探索、触摸、玩来学习，什么东西都塞到嘴巴里尝一尝。他不仅学习与物的关系，还学习与人的关系。这是一种由个人驱动的学习。父母也许觉得是他们在决定孩子学什么，但他们实际上起到的作用很小。大部分时候，孩子都是在自己学习。等学会了语言之后，他们开始提问，而且只问自己感兴趣的问题。

第二阶段，始于孩子看到一个感官经验之外更广阔的世界。比如孩子看到大象的照片，他好奇大象到底吃什么，但无法直接探索这个问题，而只能从经验性的学习转向符号的学习，从自主的学习转向依赖他人的学习。到了上学的年龄，他们就完全依赖于学校的系统，由别人来决定自己应该学什么。

按照西蒙·派珀特的说法，对孩子来说，从第一阶段到第二阶段的转换是一种创伤性的变化，因为上学之后，你必须停止学习，转而接受"被教授"。很多孩子在这个过程中被扼杀、被毁灭，而少数人之所以幸存下来，是因为他们学会了一些重要的技能，比如学会了阅读，学会了使用图书馆，学会了如何探索一个更广阔的世界。

所谓第三阶段，就是经历第二阶段后幸存下来的孩子，重新回到了第一阶段。无论是艺术家也好，科学家也好，他们在重重的限制中找到一种创造性的活着的方法。"他们重新像个孩子一样活着，他们探索、实验，听从内心的驱动而不是别人的教诲，更多地依赖直觉与经验，而不是符号。"

西蒙·派珀特认为技术的职责就是消灭第二阶段，如果这件事情太难，至少让孩子从第一阶段到第二阶段的转变不那么突兀和粗暴，尽量保留孩子作为学习者的好奇心和内在本能。

作为父母，我们最重要的职责，难道不是一样？保护孩子作为学习者的好奇心和内在本能，保护他们面对自己、面对他人、面对世界的惊奇感，也保护他们内心最纯真、最柔软、最富有诗意的一面。

但是，怎么保护？

我相信，阅读，仍然是我们最强大的武器之一。就像英国作家尼尔·盖曼所说的，"那些你在恰好年纪读的故事，永远不会离开你。你可能会忘记谁写了它们，或者故事叫什么名字，有时候你甚至忘了到底发生了什么。但如果一个故事触动了你，它会永远与你同在，萦绕在你脑海中那些极少被探访的角落"。

比起我的上一本书《关于人生，我所知道的一切都来自童书》，这本书更多的是关于"我们"，而不只是"我"。它更多地记录了我和虫虫一起读书的时候，那些被"触动"的瞬间。我相信，那些被"触动"的瞬间，对于我们彼此的人生而言，都有着深远的意义。

对虫虫而言，是在我的陪伴中学会孤独，学会思考，学会欣赏寂静的美、怀疑的价值和创造的乐趣；是逐渐对一个广阔的内在宇宙有所觉察，开始发现自己的志趣或才华所在，开始探索自己生命独特的可能性……

至于我，则是在他的陪伴中学会回去，学会放下，学会尊重、等待与耐心，学会重新对这个世界投以好奇的目光。

关于好奇心，以色列作家奥兹有一个绝妙的比喻。他说，每个好故事，都像是你小时候伸手去触摸的长椅上新刷的油漆，虽然长椅上写着"油漆未干",但孩子是不会全信的,一定要伸手去摸一摸。

奥兹说,这种好奇心最为重要。一个有好奇心的人是比没有好奇心的人更好的人。如果他能说服一个狂热分子每天早晚各服用一勺好奇心和一勺幽默感,他拿诺贝尔奖就当之无愧,不是文学奖,而是医学奖。

为什么?

因为一个有好奇心的人,不会孤独或者厌倦生命,不会偏执或者陷入灵魂的自我闭锁,他不会人云亦云,而是会倾听和想象不同的视角和观点。无论他的人生中有怎样的苦恼或忧患变故,总能凭借自由灵活的心智和健康的情感,找到一条平衡的路径。

为了让孩子成为这样的人,我们自己首先需要成为这样的人。

Part 1

那些经典童书的光

E.B. 怀特的童话

我在这本书中要说的一切就是,我爱这个世界。

多年后,在接受《巴黎评论》的采访中,E.B. 怀特试图从童年时期的经历中寻找成为一名作家的理由。

我小时候感到过害怕,但并没有经历不幸。我父亲正统保守,事业有成,工作勤奋,也常忧心忡忡。我母亲慈祥、勤劳、孤僻。我们住在一个大房子里,位于绿化很好的郊区,有后院、马厩和葡萄棚。除了自信,我什么都不缺。我也没受过什么苦,除了童年时人人都会经历的恐惧:害怕黑暗,害怕未来,在缅因州的一个湖上过完暑假之后害怕又要回到学校,害怕上讲台,害怕学校地下室里的卫生间,那里的石板小便池水流不止,害怕对我应该知道的事情一无所知……

怀特的一生都没能逃离这种与生俱来的焦虑和忧惧,只有两件事情可以缓解、抚慰他的焦虑。一是写作。从9岁时在一本妇女杂志上发表第一首诗(《致一只老鼠》)算起,他的写作几乎绵延了整个20世纪。

他对于自己的写作有着清晰的认识:"很久之前,我就发现,描写日常琐事,那些家长里短,生活中细碎又很贴近的事,是我唯一能做而且又保持了一点纯正和优雅的创造性工作。"

对怀特来说,写作,既是抚慰,也是折磨。他说写作是为了理解自己在世界上的位置。但到了晚年,《纽约时报》的记者去他的农场采访,他说自己宁愿像他的狗一样,在沙滩边抱住刚刚找到的什么东西,深深地去闻它的气味,这才是享受生命、拓展个性最简单的方法。

二是动物。怀特少年时期极度害羞,"同时被两个人注视都会令他感到不安",因此大部分时间,他都与动物为伴,就像他自己曾经写过的,"这个男孩在动物身上感受到了一种对人从未有过的血脉亲情"。

1899年,怀特出生在纽约一个富裕家庭,父亲是钢琴制造商,母亲是著名画家的女儿。他是七个孩子中最小的一个,备受宠爱。家中有一个马厩,除了马,还养着鸡、鸭、鹅、狗、兔子,以及其他小小的生物。他喜欢帮忙照料马匹、整理兔笼,饶有兴致地观察一只寄居在马厩里的流浪猫捉老鼠,想象那些老鼠在马厩底下偷偷摸摸地生活。

从那时候开始，他就已经意识到，在阴暗、气味难闻的马厩里，上演着一幕幕关于生死和冒险的戏剧，而那些动物就是戏剧舞台上的演员，忙忙碌碌地过着各自的生活。

几年前，一个名叫迈克尔·西姆斯的人写了一本怀特的新传记。他最初的计划是写一批童书作家是如何受到自然的启发而写下那些迷人的故事的，包括波特小姐、A. A. 米尔恩，最后他决定只写怀特一人，因为怀特对自然的钟爱超过了其他任何一位作家。"某些作家对自然有着同情，他们也用拟人化的方法来写作，但怀特是那种能够把一束阳光写活的作家。"

在这本传记中，西姆斯认为，怀特对动物和自然的热爱在某种程度上变成了成年生活的盔甲。"他的一生都以种种方式藏在动物背后"——在大学时代，他爱上了一个女孩，他能想到的最美的情话是说她的眼睛像他的宠物狗马特。连给妻子的情书、给刚出生的儿子的信，都是以他的苏格兰牧羊犬黛西的名义写的。在信中，黛西描述了它的主人"初为人父的激动与焦虑"。

成年后，怀特一直在纽约生活，直到1933年搬去缅因州，在海边买下一块占地40英亩的农场，他的身边再次被童年时期的那些动物环绕。他最著名的作品《夏洛的网》就是在这个农场里成形的。

《夏洛的网》的核心主题是死亡。在这个故事中，怀特将死亡视为一种残酷的现实：一只猪幸运地免于被屠宰，但最终仍然要迎来它最好的朋友的死亡。这一定程度上来自怀特作为一名农夫的道德挣扎——他尽心尽力地照顾猪羊，最后背叛它们的信任，将它们杀死吃掉。

"对一个爱动物的人来说，农场是一个诡异的地方：那里的动物注定要被它们的主人屠宰。它们过着平静的生活，最终却都被暴力终结生命，死亡的气息永远围绕着它们。我养过几只猪，从春天开始喂养它们，到秋冬屠宰，这种关系让我感到不安。"1952 年，在给他的编辑厄苏拉·诺德斯特姆的一封信中，怀特这样解释自己写作《夏洛的网》最初的动机。

这种不安由来已久。1948 年，他在《大西洋月刊》上发表过一篇题为"一只猪的死亡"的文章，讲述他照料一只病猪过程中的情感困惑。当那只猪最终死掉的时候，怀特感到的不是对没有做成火腿的可惜，而是对猪的怜悯，因为"在这个艰难的世道里，它也跟着受了苦"。但是，如果这只猪活了下来，它真的能避开被杀的命运吗？

作为一名自然主义者，怀特在很多文章中将动物视为自身旅途中个性丰富的伴侣，比如他把一只波士顿梗犬的吠叫解释为"我恋爱了，我在发疯"；他觉得母鸡"神神道道的，尤其是小母鸡，它们是在早秋醉人的日子里调整自己应付产蛋的重重压力"。但他并不是连一只蚊子都不忍伤害的人。二战期间，他曾经说自己毫不留情地射杀老鼠，假装它们都是纳粹。

农场动物的死亡让他困惑，但作为农夫，他继续在 4 月的晚上照顾一只羊羔或猪仔,然后在 8 月到来的时候宰杀它们。据说,怀特的孙女在读了《夏洛的网》以后,有一次试图拯救祖父农场里一只即将被宰的猪,她照着书中的插图画了一张"了不起的猪",贴在谷仓的门上。怀特看到,觉得很有趣,但还是把那只猪给宰了。

这让人想到夏洛初识威尔伯时向它坦承自己的"嗜血"特性——"我是喝它们的血,我嗜血,这是真的,我得说实话,我对吃苍蝇和甲虫并不真正感到快活,可我天生就这样,蜘蛛总得想办法活下来啊,碰巧我是一个结网捉虫的。"

也许,只有再次藏身于动物的背后,怀特才能真正面对生存的困惑,并真正找到一种方法来"救一只猪的性命"。

命运与自由

从内核来说,《夏洛的网》是一个非常励志的成长故事:即使平凡如一只落脚猪,也能战胜自己的命运,拥有爱、尊重与友谊。

事实上,怀特所有给孩子的故事都是在讲,一个人如何面对自己的命运。斯图尔特生下来就个子矮小酷似老鼠,威尔伯生下来就是一只又小又弱的落脚猪,天鹅路易斯生下来是哑巴。它们都必须面对自身的缺陷,寻求生存的出路、自由的可能。

在《夏洛的网》出版的 12 年前,在一篇题为"自由"的文章中,怀特写道,人生于世,应该努力过一种自由的生活:"我始终有个直觉，人与自己订有极为重要的契约，必须保持自我，又能容受万物，独立自强，凭借与此一星球的偶然遇合，随机应变，又像猎犬一般执着，不离不弃。"

他认为，人的自由分为两个部分：作为动物居住在一个星球上体验的本能自由，以及作为人类社会中拥有基本权利的成员享受的实际自由——"仰观日月星辰，自由是感觉自己从属于地球；置身社会中，自由是感觉在一个民主框架中自在无碍。"

对于自由的热爱，始于童年。如怀特所说："每个孩子都曾经领受过某种强烈的暗示，关乎他神秘的内心生活，关乎人的神性，关乎大自然通过'我'来宣示自己。这种难以表述的情感令人动容，铭记不忘。"

"比如，一个小男孩，夏日夜晚坐在门前的台阶上，无忧无虑，忽然想是靠了新的直觉，初次听见蟋蟀的唧唧声，一时间心潮澎湃，只觉得自己与天地万物，与昆虫、草木、夜晚融为一体，意识到对人世间难题——'我'为何物的隐约的应答声。又比如一个小姑娘，刚刚葬了她宠爱的鸟儿回到家中，凭窗而立，双肘支在窗台上，生疏的死亡气息扑面，忽然省悟，自身也是整个故事中的一节。再比如稍大一些的少年，第一次碰到一位非凡的教师，话语或情绪不经意中点化了什么，她如梦初醒，从此有了自我意识，感受到生命元气淋漓。我想这种情感，在许多人身上，都是作为对上帝本体的感觉而生发的——过敏性反应，或感知神性存在，全然不同于单纯的动物性存在，引起精神冲绝。"

在《夏洛的网》中，那个神秘的时刻发生在一个夏天的午后，两个月大的威尔伯走到谷仓外的小院子里。天天来看它的弗恩没来。威尔伯站在阳光里，感到寂寞无聊。

它各种磨磨蹭蹭，又回到无力，爬到肥料堆上，坐下来。它不想睡，不想刨地，它站厌了，也躺厌了。

"我还没活到两个月，可已经活腻了。"

在《精灵鼠小弟》中，这个时刻就是斯图尔特遇到小鸟玛加洛的瞬间。

"你好。"斯图尔特说，"你是谁？你从哪里来？"

"我是玛加洛。"小鸟用甜美的嗓音轻柔地说，"我从长着高高的麦子的田野来，我从长满大蓟和羊齿植物的草场那里来，我从长满绣线菊的山谷来，我喜欢吹口哨。"

斯图尔特的心高兴得怦怦跳。它好像还没有见过跟这只小鸟一样美丽的动物。斯图尔特已经爱上玛加洛了……

在《吹小号的天鹅》中，路易斯的时刻则是它站出来，激烈而决绝地反抗剪掉它爱人塞蕾娜翅膀的时刻——"只要我在这里，就没有人能剪我爱人的翅膀。"

管理员以安全为由诱惑它："如果你和塞蕾娜留在这里，你们将会安全。你们将没有敌人。你们将不用为孩子担心。没有狐狸、没有水獭、没有狼会袭击你们。你们永远不会挨饿……一只年轻的雄天鹅还要怎么样呢?"

"安全很好,但我要自由。"路易斯说,"天空是我的起居室。森林是我的客厅。寂静的湖是我的浴缸。我不能一辈子留在栅栏里。塞蕾娜也不能——它不是生来就那样生活的。"

这三个时刻象征了一个人自由人格成长的全过程——从自我的帷幕刚刚拉开,到最终做出过一种自由生活的决定。

儿童文学更需要"风格"

怀特对儿童文学的兴趣,除了自身原因,与妻子凯瑟琳也有很大的关系。凯瑟琳除了编辑《纽约客》的小说版块,还负责儿童读物的年终评论。每年秋季,缅因州的家中都会涌来装满童书的纸箱。那时候,怀特的脑子里已经有了第一部作品《精灵鼠小弟》的雏形。

根据怀特自己的描述,《精灵鼠小弟》的灵感来自20世纪20年代他在火车旅途中的一个梦。"我梦见了一个小不点儿,样子像老鼠,穿着整齐,灵活勇敢,一个劲儿在追求什么。"

醒来之后,出于新闻工作者的职业习惯或是心存感激,他记下了一些关于这个鼠孩子的技艺——"只是一个曾经光临和打搅了我的美梦的虚构形象。"

后来,因为经常被侄女、侄子缠着讲故事,"出于自我保护,我决定用一两个可以长述的故事来武装自己,于是就马上想到了梦中的鼠孩子。我为他取名斯图尔特，并写下了一些关于他的有趣小故事……慢慢地，我把它续成了小说"。

但是，直到1945年，这个在他脑子里酝酿了20多年的故事才得以出版。"我几乎确信自己就快死了，头晕得要命。濒死之际，我努力让字里行间更舒服，我的思绪再一次萦绕着斯图尔特·利特尔。"

为什么在濒死之际，思绪会一再地回到斯图尔特·利特尔？

按照怀特的说法，"我只有卧病在床的时候才会想到写这个故事。我对于给孩子写作这件事情有很大的恐惧——一个人很容易陷入廉价的异想天开或装可爱"。

另一方面，恐怕也是对死亡的忧惧，往往特别能激发一个人回到生命之初的愿望，无论是为了追寻宁静与抚慰，还是追究自身命运展开的方式、追问生命更多的可能性。

有人批评《精灵鼠小弟》散漫的情节，一会儿跑去当代课老师，一会儿又与另外一位姑娘来一场失败的约会……但"在路上"的魅力本来就在于此：敞开心怀无拘无束地呼吸，未知旅途的难以言说与规划的诱惑，随时改变和漫不经心的计划。

如怀特所说："每个人在他人生的初期，总要有那么一段时光，没有什么可留恋，只有抑制不住的梦想，没有什么可凭仗，只有他的好身体，没有什么地方可去，只想到处流浪。"

怀特年轻时也曾有过一些不着边际的冒险精神。为了去一趟阿拉斯加，他拿着一张半程船票就上了路，若非奇迹，他断不可能完成这段有点传奇的游历。不过命运之神眷顾,怀特得到了船上的夜班侍应职位,"以工代票,不但得以看到北极,更重要的,夙愿得偿,在社会的阶梯上往下越走越远,直到比伙夫还要低一个级别"。

《精灵鼠小弟》的最后一章是斯图尔特与一个电话修理工之间的对话,好像说了很多东西,又好像什么都没说。修理工关于北方的描述充满了梦一样的隐喻——"别忘了,它们离这里很远。一个想在旅途中寻觅到什么的人,绝不能走得太快。"

在当时的儿童文学中,这样的主题显然是过于深刻的,但怀特对作为读者的孩子有着很深的尊重。早在1938年,他就这样写道:"与儿童文学领域的亲密接触,让我断定,为孩子写东西显然有不少乐趣——工作还算容易,甚至还很重要。想必它很刺激的一点在于,你得寻摸一处地方、一段时期,或一件事情,从来都没人写过。"

在美国文坛,怀特以"风格"(style)著称,正是他为《纽约客》撰写的1800多篇文章确立了这本杂志最初的文字风格。他的文字简洁清晰,看似平淡无奇,却总是落到一个意料之外、意蕴悠长的诗意瞬间。

他曾表示,儿童文学更需要"风格"——"任何人若有意识地去写给小孩看的东西,那都是在浪费时间。你应该往深了写,而不是往浅了写。孩子的要求是很高的。他们是地球上最认真、最好奇、最热情、最有观察力、最敏感、最灵敏,且一般来说最容易相处的读者。只要你的创作态度是真实的,是无所畏惧的,是澄澈的,他们便会接受你奉上的一切东西。我对专家的建议充耳不闻，送给孩子们一个老鼠男孩，他们眼也没眨就收下了。在《夏洛的网》里我给了他们一只博学的蜘蛛，他们也收下了。"

在怀特的三部儿童作品中，《夏洛的网》是最为精雕细琢的。他花了两年时间写这个故事，写写停停，完成之后又花了一年时间修改。在此之前，他还花了一年的时间研究蜘蛛的习性。根据他的传记记录："怀特家房子后面的小屋里有一只大蜘蛛，怀特给它取名'夏洛'。怀特花了好几个星期的时间观察这只蜘蛛。这只现实中的蜘蛛夏洛在作家怀特的眼皮底下织网、捕食、生产卵茧、储存蜘蛛卵。怀特还向美国自然历史博物馆的蜘蛛专家威廉斯·J.杰斯屈请教这只蜘蛛所属的种类。为了更好地了解蜘蛛的习性和行为，怀特还阅读了杰斯屈关于蜘蛛的著作《美洲蜘蛛》以及其他与蜘蛛相关的著作。"

很多人以为，这只是一个关于猪和蜘蛛友谊的故事，但有一次，怀特在录音的时候说起："这是一个关于谷仓的故事，我为孩子写的，也为了自娱自乐。"

是的，这不是一个"小"故事，而是一个关于世间万物生长变化、生命生生不息的"大"故事。这也是怀特的另一项特殊才华——将重大的东西变得小而日常，就像反着拿望远镜看世界一样。或者说，他将读者带入兔子洞，给他们喝下那瓶写着"吃我"的药，然后就可以看到那座可爱的花园。

作为一个成长寓言,《夏洛的网》的线索是双重的:主线是小猪威尔伯的自我觉醒;副线是女孩弗恩的成长——她如何离开谷仓,从与动物为伍,到变成人类中的一员。全书最意味深长的一幕,是威尔伯最后的胜利,所有曾经冷漠的成年人都围在它的身边欢呼,而弗恩却跑开了。她想的不再是威尔伯和夏洛,而是亨利和费里斯大转轮。

从另外一个角度来说,这又是一个不折不扣的关于死亡的故事。以威尔伯的死亡阴影开篇,以夏洛孤独地死去结束。到了最后一章,新的蜘蛛出生,还有新的羊羔、新的鸭子、新的春天。

这种生命的轮回之感,怀特在 1941 年的一篇散文中(《重游缅湖》)有过类似的描述。他小时候身体不好,患有花粉过敏症。为了新鲜的郊区空气,一家人经常在夏天前往缅因州乡下的湖畔露营。后来,他带着儿子重返那里,以慰故地相思,发现记忆中的一切都不曾改变。

"头一天上午,我们去钓鱼。我摸摸鱼饵盒子里覆盖鱼虫的潮湿苔藓,看见蜻蜓落在钓竿梢头。蜻蜓的飞临,让我确信,一切都不曾改变,岁月不过是幻影,时光并没有流逝……这只蜻蜓与另一只蜻蜓——那只成为记忆一部分的蜻蜓,二者的飘摇之间,不见岁月的跌宕。我望望儿子,他正默默地看那蜻蜓,是我的手握了他的钓竿,我的眼在观看。我一阵眩晕,不知自己守在哪一根钓竿旁。"

在文章的最后,他看着儿子在水中的身姿,"腹股沟突然生出死亡的寒意"。作为读者，我们也在《夏洛的网》中感受到了这种死亡的寒意，尤其是读到夏洛孤独地死去时，没有任何一个人在夏洛身边。但是，与此同时，我们也在这本书中感受到了生命最大的暖意。

在夏洛生命的最后一天，威尔伯问夏洛，为什么要救他？

夏洛回答说："你一直是我的朋友，这本身就是一件了不起的事。我为你结网，因为我喜欢你。再说，生命到底是什么啊？我们出生，我们活上一阵子，我们死去。一只蜘蛛，一生只忙着捕捉和吃苍蝇是毫无意义的，通过帮助你，也许可以提升一点我生命的价值。谁都知道人活着该做一点有意义的事情。"

关于《夏洛的网》，怀特曾说："我在这本书中要说的一切就是，我爱这个世界。各位如果深入阅读，或许能发现这一点。动物是我的世界的一部分，我努力以忠实、尊重，来描写他们。"

阁楼上的光——
谢尔·希尔弗斯坦的童诗

虽然看不到你的脸,可当你翻开这些诗篇,我在某个遥远的地方,能听见你的笑声,我也露出笑脸。

1974年,在童诗集《人行道的尽头》中,谢尔·希尔弗斯坦向孩子发出了邀请:

如果你有梦想,请进,
如果你有梦想,如果你爱说谎,
如果你喜欢祈祷,如果你充满希望,如果你会花钱买一颗魔豆……
如果你会装模作样,请你坐到我的火堆旁,
我们来编织一个金色的弥天大谎。
请进!
请进!

"谢尔比叔叔"的邀请令全世界的孩子难以抗拒。他的诗里充斥着古怪荒唐的孩子,一个提着水桶去擦星星,一个把胡子当秋千,一个要拍卖自己的小妹妹,一个把自己的弟弟当废品扔掉,一个装病不去上学,一个爱从26层高楼往下吐口水,一个在睡前虔诚地向上帝祈祷,"如果我在醒来前死去,求主让我的玩具都坏掉。这样别的孩子就再也不能碰它们……"

谢尔曾经说过,之所以写童诗,是因为自己能在十分钟之内写出一首来。他的传记作者莉萨甚至将他与莫扎特相比,是上帝在借他们的才华发言。

他的确有一种独特的驾驭文字的才华。他的诗既辛辣,又动人,既怪诞,又搞笑,有时候粗鄙不堪,却又诚实率直,富有童趣。

谢尔一生写了数千首诗,漫画堆积成山,仅从数量和丰富性的角度而言,就构成了他独特的艺术魅力。但这些诗画中比例更大的是写给成年人的。在给孩子写书之前,他是《花花公子》杂志的专栏作家,画漫画,写游记,走到哪里都有兔女郎投怀送抱。他也为流行歌曲写歌词(他曾经为美国一些非常著名的乡村音乐歌手写歌,比如约翰尼·卡什的《一个叫苏的男孩》、玛丽安娜·菲斯福尔的《路西·佐敦之歌》以及爱尔兰流浪者的《独角兽》,等等),还写了上百出戏剧,包括名噪一时的《女人或是老虎?》

他是一个很复杂的人,思想怪异,视角独特,我行我素,能享受生活,也善于内省。他是这个世界上为数不多,能像孩子一样思考问题的成年人，也是这个世界上为数不多的，像成年人一样游戏人间的孩子。

　　正因为如此，他的童诗既天真又老成，既童言无忌、天马行空，又保留了对人性本质的深刻洞察，对孩子和成年人都具有极强的吸引力。但与此同时，他的诗和画也被认为"太诡异、太反权威，不符合儿童脆弱的神经"。他最著名的两本童诗集《人行道的尽头》和《阁楼上的光》（1981 年出版，《纽约时报》畅销书排行榜上的第一本童书，并在榜单上停留了三年多）曾经在美国多家图书馆被禁多年。

Part 1　那些经典童书的光

以丝答·布鲁·印尼特小姐鼻子长度世界第一，她允许我在上面写东西。

鲁迪·费舍

鲁迪·费舍
比其他任何人
更会打嗝儿。
玛格说过，世界上最讨厌的孩子
就是鲁迪·费舍。
他迟早要下地狱、进监狱，
或是到加拿大干活儿。
可现在每天晚上我都盼着
鲁迪·费舍教我怎么打嗝儿。

弗莱德？

一只两栖动物
从那寒冷的加勒比海
爬到利比亚大沙漠，
我们该叫它"弗莱德"。
你觉得它应该叫"泰德"？
还是"鲁"或者"杰德"？
可我想叫它"弗莱德"！
你觉得"毛瑞斯"更符合？
要不然"巴那比"或者"瑞德"？
要不然"卢西佛"或者"奈德"？
嗯，它已经死掉了，不管怎么说。

阁楼上的光

[美] 谢尔·弗尔布斯坦 文·图
叶硕 译

A Light in the Attic

害怕

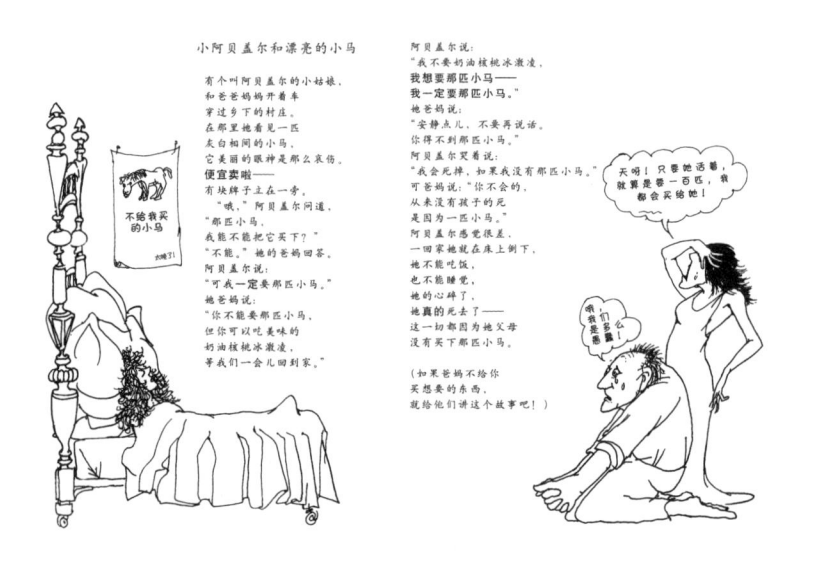

布朗·巴那巴斯,
总是害怕被水淹死。
所以他从不游泳,
也不乘坐小舟。
他甚至不洗澡,
更别说跨过壕沟。
他一天到晚坐在家里,
他的房门紧锁,
窗户也被钉牢。
他不停浑身颤抖,
生怕大水把他冲走。
他泪水流成了河,
充满了整个屋子。
最终,
他淹死了。

小阿贝盖尔和漂亮的小马

有个叫阿贝盖尔的小姑娘。
和爸爸妈妈开着车
常过乡下的村庄。
在那里她看见一匹
雪白相间的小马,
它美丽的眼神是那么哀伤。

便宜卖啦——
有块牌子立在一旁。
"哦,"阿贝盖尔问道,
"那匹马,
我能不能把它买下?"
"不能,"她的爸妈回答。
阿贝盖尔说:
"可我一定要那匹小马。"
她爸妈说:
"你不能要那匹小马,
但你可以吃美味的
奶油核桃冰激凌,
等我们一会儿回到家。"

阿贝盖尔说:
"我不要奶油核桃冰激凌,
**我想要那匹小马——
我一定要那匹小马。**"
她爸爸说:
"安静点儿,不要再说话。
你得不到那匹小马。"
阿贝盖尔哭着说:
"我会死掉,如果我没有那匹小马。"
可爸妈说:"你不会的,
从来没有孩子的死
是因为一匹小马。"
阿贝盖尔愈觉愈差,
一回家就躺在床上哭了,
她不能吃饭,
也不能睡觉,
她的心碎了。
她真的死了——
这一切都因为她父母
没有买下那匹小马。

(如果爸妈不给你
买想要的东西,
就给他们讲这个故事吧!)

人们列举了他的诗中各种少儿不宜的内容，毒品、欺骗、暴力、自杀、死亡、邪教、对权威的蔑视、对父母的不敬，甚至还有食人的情节，比如有个小孩掉到绞肉机里，被不知情的别的孩子当汉堡给吃掉了。

更让父母光火的，可能是《小阿贝盖尔和漂亮的小马》这样的诗。小姑娘阿贝盖尔想要一只小马，她的父母不给她买，于是她难过得死掉了。诗中的插图就是死去的阿贝盖尔躺在那里，身边是她悲伤的父母。诗的最后，谢尔告诉他的小读者："如果爸妈不给你买想要的东西，就给他们讲这个故事吧！"

但从另一个角度来说，这些童诗完美地浓缩了童年的种种忧惧与渴望。孩子们在他的诗里发现相似的自恋、缺陷、爱、恨、挫折感、对力量的幻想以及种种难以言说的欲望；而有心的成年人则能从中品出更为复杂的况味。比如有一首诗叫《十八种口味》，十八种香甜诱人的口味：巧克力、酸橙和草莓，南瓜、香蕉和咖啡，焦糖牛奶还有波森莓，坚果冰激凌，烤杏仁，香草汁，奶油咸味糖果，奶油砖、苹果浪，椰子外加摩卡咖啡，桃子白兰地，柠檬蛋羹，每一勺都是那么爽滑甜美，这甜筒冰激凌可是全城之最，如今它却躺在了地上……啧啧——

孩子们读了，固然为冰激凌而怅然，而成年人感到的，恐怕更多的是悲凉，生命的丰美与脆弱，转折就在那一句短短的"啧啧"。

几年前，《连线》杂志的编辑为硅谷父母挑选书单，谢尔有5本书入选。推荐这几本书的编辑说，"没有一个现代诗人能像谢尔那样捕捉童年的想象力与玩心"。

但我想，他之所以为极客所热爱，还因为他看世界的角度与我们如此不同，比如他的诗歌。

《倒影》：

每当我看到水中，那个家伙头朝下，就忍不住冲他笑哈哈，但我本不该笑话他。

也许在另一个世界另一个时间，另一个小镇，稳稳站着的是他，而我才是大头朝下。

《向上跌了一跤》：

我给鞋带绊倒，向上跌了一跤——向上跌过屋顶，向上跌过了树梢，向上跌过了城市上面，向上跌得比山还高，向上跌到半空，那儿声音和颜色交融在一道。

我朝四周一看，顿时眼花缭乱，昏头昏脑，我的肚子实在难受，于是直往下掉。

《新世界》：

树木倒立着，摇摆自由，汽车飘起，天上悬挂着高楼。

有时感觉真不错，换个角度来看这地球。

《听听那些"不许"》：

孩子，听听那些"不许"，听听那些"不要"，听听那些"不该"，那些"不可能"，那些"不会"。

听听那些"从来就没有过"，然后仔细听我说——任何事都可能发生，孩子，任何事都会成为可能。

这些诗歌，今天听起来，有点像硅谷青年每天挂在嘴边的轻飘飘的口号，对谢尔来说，却是他一生与命运挣扎的真实写照。1930年，谢尔·希尔弗斯坦出生于芝加哥中西部的一个小镇，父亲是东欧犹太移民，母亲在芝加哥出生，"大萧条"时期夫妇俩苦心经营着一家不成功的面包店。谢尔天生有读写障碍、注意缺陷与多动障碍，父亲希望他继承家业，他却一心只想画漫画。

他很早就发现了自己对画画的热爱，但因为父亲的激烈反对，他的整个童年就是在不安与自我怀疑中度过的。多年后，他回忆说，如果有的选，他"当然更愿意做一个三垒手，手臂上挂三个女孩"，但幸运的是，他既不会打球，又不会跳舞，得不到女孩子的青睐，只好把精力都转到画画写诗上面。而且，当时无论画画，还是写诗，都是懵懵懂懂，没见过什么世面，也没什么人可以抄袭，却由此发展出了他自己的风格，此为一幸事。

更幸运的是，命运指引他同时找到了女人和艺术——他23岁那年退役后，本想靠画漫画养活自己，却到处找不到工作，只好一边画画一边摆摊卖热狗。百般落魄之中，他遇上了《花花公子》的创始人休·海夫纳，两人一见如故——他们都在芝加哥长大，都参过军，都是漫画家，都热爱女人。谢尔为《花花公子》创作的第一幅漫画登在1956年8月刊上，从此开始了他梦寐以求的创作生涯。

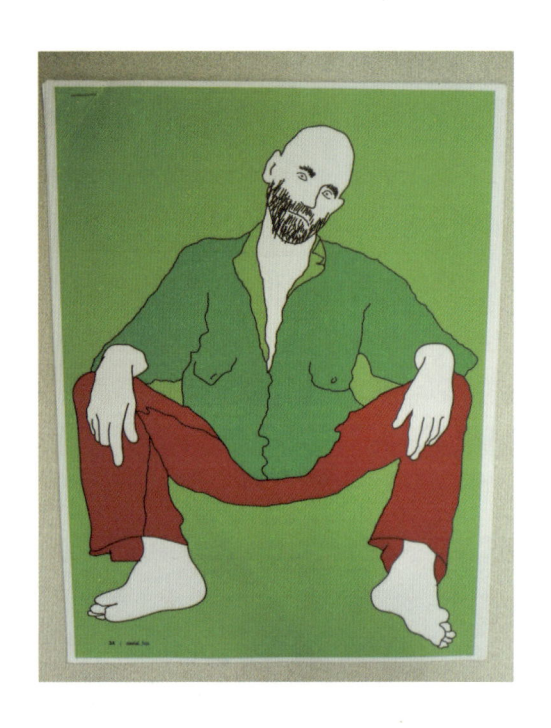

为《花花公子》工作的几十年里，他经常往返于芝加哥与纽约，出没于各种酒吧、派对、夜总会，在餐巾纸和桌布上写诗画画，用低沉的烟嗓唱民歌和爵士。他喜欢跟人交谈，但更多的是作为一个观察者，而不是社交爱好者。无意间听到的只言片语，或者随意捕捉到的一个面部表情，都可以成为一首新的诗、一幅画或者一首歌。他还说服了海夫纳资助他周游世界，住最豪华的酒店，跟最美丽的女人做爱，然后发回文章、摄影与漫画。

Part 1 那些经典童书的光

谢尔从来就没有想为孩子画画或者写东西。他对孩子没什么耐心，对儿童文学更是没有好感——"见鬼，小孩子已经受够了自己的渺小和不重要。但 E.B. 怀特给了他们什么？一只整天担心会被冲到下水道或挂到窗帘上的老鼠，一只准备去死的蜘蛛。"

如果不是他的朋友汤米·温格尔把他强拉硬拽进当时厄苏拉·诺德斯特姆的办公室，他大概永远也不会给孩子写东西。厄苏拉·诺德斯特姆是当时纽约童书界最著名的童书编辑，曾经发掘出一批美国最优秀的童书作家，包括莫里斯·桑达克、汤米·温格尔和路易斯·菲兹修等。她的出版哲学是"为坏孩子出好书"。

1963 年，32 岁的谢尔·希尔弗斯坦出版了第一本童书《一只会开枪的狮子》，讲一只狮子在"成功"之路上遭遇的身份危机。在谢尔的所有作品中，这是他本人最喜欢的一本，因为"内涵最为复杂"。

一只任性的小狮子，自从学会了开枪，并成为无可匹敌的神枪手之后，生活就完全改变了。他离开了森林，离开了狮子朋友，来到大城市，到处表演，挣了好多钱，成了大名人。但是有一天他突然觉得做

什么都没意思，做名人一点都不好玩。而且更糟糕的是，再次回到森林里的时候，他不知道自己究竟是一只狮子还是一个人。

外界毁誉最多的在他的第二本童书《爱心树》上。一棵树爱上了一个男孩，让他在自己的枝丫上玩耍，享受多汁的果实。男孩一点点长大，树把自己的树荫、果实、枝叶，到最后把整个树干都给了男孩。男孩变成了老人，在生命的最后时刻回到家里，坐在树桩上休息——那是树仅剩的东西了。

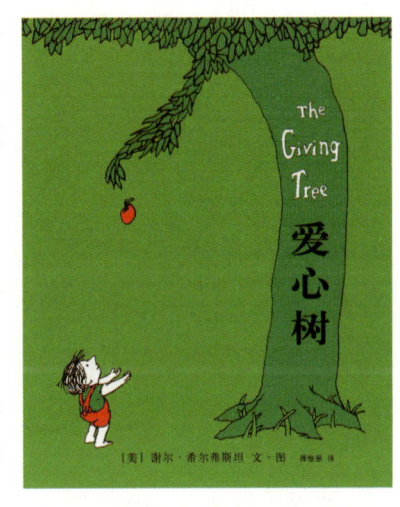

在童书史上，《爱心树》是一本罕见的雅俗共赏、老少皆宜的作品，同时也是争议最大的作品之一。这么多年来，不同的人从这个故事中读出了完全不同的意义。有人认为这本书歌颂了母爱的无私，有人则认为批判了人性的自私。宗教布道者读出了基督无条件的爱；女权主义者则读出了男女之间施与受的不平等，他们认为爱心树是女性无私的象征，而小男孩是男权至上主义者的代表；生态主义者则读出了人类对环境的残害。热情的支持者将这本书列入有史以来最伟大的童书之列，而激烈的批评者则认为这本书对年轻人心灵的摧残，在过去50多年里没有别的书可以与之相提并论。

有一天孩子来看大树,
大树说:"来吧,孩子,爬到
我身上来,在树枝上荡秋千,
吃几个苹果,再到阴凉里
玩一会儿。你会很快活的!"
"我已经大了,不爱爬树玩儿了,"
孩子说,"我想买些好玩儿的东西。
我需要些钱。
你能给我一点儿钱吗?"
"很抱歉,"大树说,"我没有钱。
我只有树叶和苹果。
把我的苹果拿去吧,孩子,
把它们拿到城里卖掉,你就会有钱,
就会快活了。"

　　谢尔自己的说法则是:"这个故事并没有太多信息要传达,不过想说,这个世界有两种人,一种人施予,一种人索取。"仅此而已。

　　这本书当初的出版并不容易,编辑们认为这个故事对孩子来说太压抑,对成年人来说则太简单,而且谢尔坚持要保留那个悲剧的结局:"人生的结局通常都很悲惨,即使我的大部分东西都很搞笑,你也不必强作欢喜。"

　　寓言的魅力就在于,越是简单,阐释的空间就越大。我更倾向于认为,这本书原本就无关爱或幸福,而是关于结局本身,关于时光的流逝,一切终归无可挽回地衰败。就像最后一页,一个光秃秃的树桩和一个驼背老头木然看着远方。这可能更符合谢尔对于人生荒凉本质的感受。

谢尔于 1976 年写出了《失落的一角》，讲一个圆缺了一角，于是满世界寻找自己缺失的那一部分。它漂洋过海，历经风吹雨打，终于找到了最合适自己的那一角，组成了一个完整的圆。

故事本来应该在这里收尾，谢尔却让他的圆唱着歌离开了——它仍然要去寻找自己失去的那一部分。

或者闻闻花香

谢尔向来不掩饰对大团圆的不屑。无论在他的诗歌、戏剧还是漫画里，都没有快乐结局。他有一首诗叫《欢乐之地》：

你去没去过"欢乐之地"？
那里所有人都满心欢喜，他们成天玩笑打趣，还唱着最快乐的歌曲。

　　一切事物都那么美,"欢乐之地"没有烦恼。

　　那里整天充满欢乐。

　　我也曾经去过那里——真是无聊。

　　在他看来,所谓大团圆结局、魔力或神奇手段会在儿童心中"造成一种疏远感和陌生感"。孩子们会问,"为什么你给我讲的那些幸福的事情,我就没有遇见?"

　　但是,圆到底在追寻什么?一千个人大概又会得出一千个不同的结论。缺失与追寻之间,自由与羁绊之间,那一点点疯狂与非理性,一直是谢尔所追求的。

　　他曾经说过,"一双舒服的鞋和随时离开的自由,是人生最重要的两件东西"。

　　他的一生,从未停留在一种艺术形式上,或者在同一个地方停留太久。相同的哲学也适用于他的爱情。他终生未婚,但却有无数的性伴侣,也养育了两个孩子。他的第一个孩子夏娜死于脑动脉瘤,去世时年仅11岁。这对他造成了毁灭性的打击,至死都未能解脱出来。女儿的死也使他很长一段时间内远离了童书创作。

　　他曾经说过,不要依赖任何人——男人、女人、孩子或者狗,"我想去世界的每个地方,见识一切东西,生活中一些美妙的东西会使你欣喜若狂"。

但是，这一切终归又让他失望。这也是为什么他最后终止了《花花公子》的旅游专栏。他告诉休·海夫纳，"那些旅行对我来说已经没有意义，因为都是跟我一样的人。我已经见过高山，见过金字塔，见过热带，那又怎么样？如果我创造了一个世界旅行者和冒险家的形象，那现在我想坐下来，跟苏珊一起种玫瑰——我就要这么做了"。

这位苏珊，不知是否就是夏娜的母亲？

1999 年 5 月，谢尔因心脏病在佛罗里达州基韦斯特的家中逝世，享年 68 岁。

在他死后，生前未曾发表的 100 多首童诗结集出版，名为《什么都要有》。诗集中最后一首是《我走了以后》：

> 我走了以后，你怎么办？
> 谁为你写诗，谁为你画画？
> 某个更聪明的人，某个新来的人？
> 某个更棒的人——
> 也许就是你自己！

遥远不够远
——汤米·温格尔的恐惧与温柔

孩子要被暴露在恐惧中,才能学会如何克服恐惧。

这是一种类似于"种牛痘"的过程。

"恐惧会驱使你寻找生存下去的勇气。"

2019年,汤米·温格尔——童书界又一位传奇人物谢世。其实,温格尔是一个多才多艺的艺术家,童书只是他创作的一个领域。他一生创作了140多本书,从家喻户晓的儿童绘本到充满争议的讽刺漫画和成人画集。他是一位罕见的自由游走在成人和儿童世界之间的人物,一方面,他对政治、性之类的题材充满兴趣,另一方面,他又实在非常擅长给孩子讲故事。

不久前,我刚收到一本他的新书,书名叫《不要给妈妈吻》,封面上一只气鼓鼓的小肥猫非常可爱,但翻开一看,小肥猫简直劣迹斑斑,不肯刷牙,上课打架,携带弹弓,还在学校里抽雪茄,想尽各种方法躲避妈妈的吻。

我犹豫了半天，要不要读给虫虫听呢？

那种微微被冒犯的感觉让我颇为羞愧，毕竟我知道温格尔是一个多么伟大的创作者，而青春期的男孩抗拒妈妈的吻恐怕也是真的，但是，有时候，你真的希望一个童书作家不要那么诚实。

温格尔先生大概不会关心一个母亲的多愁善感。他有一句很著名的话，大意是我的人生是一则童话，带着所有的恶魔。他最好的几本童书，比如《三个强盗》《月亮先生》《泰迪熊多多人间奇遇记》都涉及人心中的暴力、丑陋和恐怖，而且这些黑暗元素都是他有意为之的，是刻意要在孩子的心中种下恐惧。他认为这是一种类似于"种牛痘"的过程，孩子要被暴露在恐惧中，才能学会如何克服恐惧。"恐惧会驱使你寻找生存下去的勇气。"

这是他的经验之谈。1931年，温格尔出生于法国阿尔萨斯的斯特拉斯堡，那里靠近德法交界处，常年战乱。二战爆发后，阿尔萨斯被纳粹德国占领。纳粹、战争，加上父亲的早逝（温格尔的父亲去世时，他才三岁），他的童年充满了动荡、分裂和恐惧的创伤经验。小小的孩子就要学会站队，你是法国人、德国人还是阿尔萨斯人？你信天主教，还是新教？你是资产阶级还是劳苦大众？

德军占领期间，在街头用法语彼此问候一句都会招来杀身之祸。战争结束之后，他们法语里的德语腔又被视为纳粹走狗的标志。德国人焚烧法语书，法国人又来销毁歌德和席勒。"我是被仇恨教育长大的，对邻居的恨，对德国人的恨，对天主教的恨。除了恨、恨、恨，什么都没有。"在那个荒谬的时代里,一个孩子唯一的生存之道就是迅速长大,掌握基本生存技能,活下去。

他曾经在一篇自述中提到高中时代引领他走上艺术之路的作品——格吕内瓦尔德的《伊森海姆祭坛画》,这幅画中的怪兽第一次让他想到我们内心的恶魔。"我们很多人都在同时扮演很多不同的角色,有时候对我们来说最重要的角色就是我们心中的恶魔——它一直潜伏在我们心中,一直准备抓住我们。了解一个人内心的恶魔是很重要的,特别是对于我们这种经历过洗脑的人,因为洗脑会带来偏见和邪恶。"

他指的"洗脑"当然源自纳粹宣传部长戈培尔。纳粹唤醒了他的愤怒,但他也被暴露在戈培尔博士的洗脑术里。所以,温格尔一生都对"洗脑"充满了愤怒和恐惧。

画画是他应对这一切灾难的唯一工具,是武器,也是避难所。他学习成绩很一般,但绘画的才能很早就显露了出来。他的母亲为他保存下来的一批童年时期的画作记录了纳粹占领下的种种暴力场景,坦克、枪、被毁的房子、轰炸、战火……无论从视角、构图还是气氛来看,都呈现出惊人的早熟,尤其是一幅希特勒的讽刺肖像画,惟妙惟肖。

他一辈子没有停止画政治漫画。画画,对他来说成了一种生理需求,就像人有三急一样。他说,如果不是因为画画,他大概更适合进精神病院。大部分艺术家都是如此。很幸运的是,他感受到的一切,尤其是愤怒,通过画笔得以发泄出来。所以,他说,"我对白纸的平静有着莫大的尊重,然后我用我的文字和图画强暴它"。

战争结束后,温格尔曾短暂地加入法国骆驼骑兵团,第二年就因病退伍。后来,他考入阿萨尔斯的一个装饰艺术学校,又在欧洲游历了一段时间。1956 年,带着对艺术和爵士乐的向往,25 岁的他只身来到纽约,随身带了一箱自己的手稿,还有口袋里的 60 美元。当时正是美国杂志插画的黄金时期,《时尚先生》《生活》《乡村之声》《纽约时报》都大量刊登插画,他的才能迅速得到了赏识。当时,他还随身带着一本儿童绘本的手稿,讲的是一只小猪和它的家人的冒险故事,它们被屠夫抓住,关了起来。纽约的出版经纪人告诉他,这种可怕的故事在美国没有人会出版,除了一个人。于是,他去见了当时纽约最著名的童书女编辑厄苏拉·诺德斯特姆,她给了他 600 美元预付金。不久,他的第一本绘本《梅隆斯去飞翔》出版,他修改了故事情节,小猪们造了一架飞机,但后来因为没油坠毁了。

从 1960 年到 1970 年,他最重要的几部绘本都是在这个阶段出版的,包括《克里克塔》《阿德莱德,会飞的袋鼠》《章鱼埃米尔》《蝙蝠路法斯》《三个强盗》《月亮先生》等。这些书与当时美国童书界的主流风格完全不同。简洁的语言,强烈的视觉风格,故事里经常出现暴力、绑架、死亡,毫无禁忌,但又带着法国人特有的优雅、浪漫与古怪的幽默感。因为他的童年经历,他一生都是个局外人,所以他的故事里也都是各种各样的局外人。孤独的人(《另一个卖火柴的小姑娘》）、被误解的人（《月亮先生》）、犯了罪的人（《三个强盗》）、吃小孩的人（《季拉坦和食人怪》），蛇、蝙蝠、秃鹫、章鱼，这些平常不招人待见的动物都成了他笔下的主人公。

对于童书创作，他有非常明确的观点和立场。他认为要尊重孩子，尊重他们看待世界的方式，反对用简单的词语来打发孩子，比如花、树、枪。当你可以告诉他们"雏菊"、"勿忘我"的时候，为什么要用一个"花"字来打发？每一个词都是一首诗，就像《三个强盗》里那把"霰弹枪"。

他厌恶当时美国童书界对童年的浪漫化和感伤情绪，"总是给孩子看小兔子、蓝天、白云之类看似无害的东西"，而他想要做的是挑战孩子，吓唬他们，也取悦他们。他乐此不疲地在图画里加入各种古怪的细节，只有孩子才能理解，只有孩子才引以为乐的恶作剧，就像《偷梨子的大怪兽》里古怪的鼻血和僵尸。

但与此同时，他主张童书应该给孩子传递明确的信息，就像《伊索寓言》一样，"我的童年经历了战争，见过了很多可怕的事情，所以我憎恨不公、暴力和歧视，所以我渴望尊重和和平。我认为传递这些价值观很重要，希望它们能清晰地呈现在我的书里"。

《三个强盗》就是一则绝妙的现代寓言，关于男人不断追求财富与权力的愚蠢，关于女人的救赎力量，关于善与恶的联结与分界，也关于人生最珍贵的东西到底是什么。

《月亮先生》是一则关于逃离与回归、拒绝与接纳的寓言，月亮先生发现他千方百计要逃离的家,才是他最终的归属。而他的回归,则像一个绝佳的隐喻,隐喻我们无可挽回的逝去的童年,和终将要堕入的无趣盲目的成人世界。

我不知道还有哪位艺术家能像他这样举重若轻地处理这些题材,既黑暗又明亮,既挑衅又温柔,既诙谐又深沉。

20世纪90年代,温格尔还创作过一本《泰迪熊多多人间奇遇记》,以一只玩具泰迪熊的视角讲述那场战争带给人们的浩劫和伤痛。那是一本真正自传性的作品。如果不曾经历过那样的童年,如果不是有一些信息急切地想要传递给下一代,他是不会画出这样一本书的。

不久,可怕的轰炸开始了。
警报声一从屋顶上传来,
我们就必须快速地跑到地下室中避难。

整条街道都被炸成了碎片,
无辜的遇难者,一个个躺在废墟和战火中。

一天,一次突如其来的爆炸把我炸飞到一团浓烟里,
我立刻昏了过去。

"每个人都说，不，不，你不能跟孩子讲这些。但是我见过战争，我见过一切。我知道站在莱茵河对岸德国人的最后一座桥头堡上是什么感觉，我知道三个月没水没电的生活是什么样子，我知道一个盖世太保叫你名字的时候是什么感觉。你还有什么别的更好的方法能让今天的孩子了解这一切吗？"

温格尔对当时美国童书界的影响是巨大的。桑达克曾说，没有人是原创的，每个人都受到温格尔的影响，包括他自己的《野兽国》。"我是一个自我成才的疯子，但不像汤米那么疯，也没他那么伟大。不，他天生跟那些非同寻常的东西有共鸣。他不设任何防线，也没有半点尊重。一个童书作家做这么多事情是很不寻常的。他砸碎门，敲碎窗户，四处树敌，而且浑然不觉——谁在乎？因此，他没有得到他应得的礼遇，他没有得到应有的尊重，尽管他对整整一代人来说都是大师。"

爱打破禁忌的人很少能一帆风顺的，哪怕是个天才。在纽约，温格尔的艺术才华很快从童书延伸到成人主题，包括性、政治、战争。当时正值越南战争，他创作了大量的反战海报，其中一幅海报上，自由女神像被一个黄色的怪物吞进了肚子里。这是他从戈培尔那里学来的恐吓术，也激怒了美国政界。

1969年，他出版了一本色情画集，是各种狂野的性爱机器的设计图，后工业时代的性幻想。当时反文化运动刚刚兴起，而他认为"色情画集是当时的性解放运动的重要一环，自由和色情是我一直想要获得并愿意为之斗争的东西"。

但清教徒传统的美国人没法接受一个童书作家画色情画。《纽约时报》的一位编辑拒绝为《月亮先生》写书评，他认为一个画色情画集的人不配为孩子创作。在一次童书研讨会上，面对一个观众的强烈指责，温格尔回敬说，"如果人们没有性，就不会有任何孩子。没有孩子，你就得失业"。从此，他成为众矢之的。各种卫道士群起而攻之。他的书在美国全面被禁，包括绘本。直到2008年，他的绘本才得以在美国重新出版。

他的人生由此跌入谷底。1971年，心灰意冷之余，他离开美国，在加拿大买下一个海边的农场，过起了养猪种菜的生活。五年后，他又携妻子定居爱尔兰，同样在靠近海边悬崖的地方买了一个农场，农场范围内有三座古堡的废墟。这里成了他们后半生真正的家园，日日夜夜，悬崖下的海浪撞击着岩石，震耳欲聋，为他的创作提供了完美的配乐。当地的农夫找到一些丢弃的玩偶，会特地送给住在悬崖上的艺术家，因为他喜欢收藏被丢弃的东西，这一点不是不像他笔下那三个强盗。

离开纽约之后，温格尔很少再创作童书，但他从来没有停止写作和画画。他的愤怒、挫败感和不安全感，反而成了他创作的燃料和动力。他出版了一本名为《巴比伦》的讽刺画集，对现代社会的种种邪恶进行了辛辣的讽刺。他孜孜不倦地继续创作色情相关的作品，比如《地狱的守护天使》一书是他在德国汉堡的一个妓院里对一群妓女的采访录,他认为这些妓女很了不起,"她们在做心理医生止步的工作"。他还画了一本以青蛙为主角的性爱宝典,以讽刺美国人对性的大惊小怪。1990年,他为一个抗艾滋病组织做了一场大型的宣传活动,他的插画被印在成千上万个避孕套上免费分发。

温格尔先生曾经在一篇自述中记录过一个挥之不去的噩梦:下午5点下班高峰时期,他走在第五大道上,下着大雨,一个穿雨衣的家伙正在发传单。人们匆匆看一眼,就扔到了水沟里。他捡起来一张,发现是他自己的一幅画。"上帝啊,是我的画。"于是他转头往回走,试图抢救被扔在水沟里的那些画。

他的一生,被拒绝、被排斥似乎是一个宿命式的主题,但他却总能在其中找到幽默和滑稽之处。略为反讽的是,到了晚年,巨大的赞誉接踵而至。1998年,国际安徒生奖评审团授予他安徒生奖,这是国际童书领域最重要的奖项之一。十年后,他的家乡斯特拉斯堡为他建了一座博物馆,收藏了11000件他的原创艺术品、雕塑、书籍和玩具等,这是法国历史上唯一一次政府出资为在世的艺术家建立博物馆。2015年,美国人重新向他伸出橄榄枝,为这位当年叱咤纽约的艺术家举办了第一场个人作品回顾展,而他当年被禁的童书再次被摆在各大图书馆最显要的位置。

70年代初,他黯然离开纽约后曾经写过一本日记集《遥远不够远》,第一句话就是,"什么是正常?"

人类是偏见动物。每个人都带着自己的终身刑期。我们破除一个偏见，又被另一个偏见取而代之。所以，良心需要时时受点折磨，才能明辨是非。他认为，安全的办法是从相对中学习。一切都是相对的。坏人的恶，不是与生俱来的；好人的善，也不是永恒不变的。恶人应该向好人学点善良，而好人也可以从恶人那里学点聪明。

他说，"相对滋养怀疑，而怀疑才是真正的美德，因为怀疑，每一个不完美的、罪恶缠身、热爱生命的生物才有足够的生存空间"。

为什么不呢？一切都可以被接受，但一切也都必须被质疑。如他自己所说，他是一个天生的流浪者，他相信边界就是用来被跨越的。所以，他的画和文字从来不设界限。"遥远不够远。不管你的思考或者行动的极限在哪里，它们永远都有前进的空间，因为挑战始终存在。那些值得你为之奋斗的挑战总会推动你走得更远。"

人人心中都有一个姆明谷

她想要写作,写一个关于"很久很久以前"的故事,
一个天真无邪的故事,创造一个不一样的世界,
一个不被恐惧和仇恨压垮的世界。

有一种眺匿理论,从进化的角度解释人对风景的偏好,大概意思是,我们最喜欢从一个安全的地方凝视自然,因为既有捕食者的视野,又不需要担心背后有危险。

姆明谷的魅力可能就在于此——站在姆明妈妈的厨房里,遥望北欧严酷的冬天,灾难仿佛一步之遥,但你知道这里一定是安全的。无论外面的世界有怎样的危险,洪水、彗星、火山、严寒,姆明屋里永远舒适温暖,火炉上总是煮着热咖啡,烤箱里总是有蛋糕,这个世界上没有什么问题是姆明妈妈的咖啡和拥抱解决不了的,无论遇到什么样的灾难,姆明妈妈的手袋里总有什么东西可以帮助他们渡过难关。

姆明谷的故事始于1939年。当时托芙·扬松女士只有25岁。二战刚刚爆发,苏联轰炸了赫尔辛基,她的两个兄弟都去了战场。她多年后的回忆录里说，当时的战争让她陷入了抑郁，画画变得毫无意义，她想要写作，写一个关于"很久很久以前"的故事，一个天真无邪的故事，创造一个不一样的世界，一个不被恐惧和仇恨压垮的世界。

第一个故事叫《姆咪和大洪水》，里面有失踪的人（姆明爸爸）、离散的家庭（姆明一家）、一群默默前行没有灵魂的奇怪生灵（树精），但在经历了一系列的冒险之后，姆明一家终于团聚，善意得到回报，所有的朋友都被邀请到温暖、安全的姆明屋里一起生活。这本书要等到六年之后，战争结束才得以出版，在前言里，扬松这样写道，"这是我的第一个幸福大结局"。

托芙·扬松出生于芬兰，父母都是艺术家，父亲是著名的雕刻家，母亲是插画师，设计图书和邮票。她继承了他们的才华，15岁就考进了艺术学院，之后又在德国、意大利、法国、英国受过专业的绘画训练。二战期间，她是一位活跃的反法西斯漫画家，在一本瑞典语杂志 *GRAM* 上发表了大量嘲讽希特勒和斯大林的漫画。她把希特勒画成一个巨婴，而当时的英国首相张伯伦正在给他喂一块蛋糕。当时，她的签名就是一幅小小的姆明肖像，姆明的半个身体藏在长长的字母后面，鼻子巨大，身材瘦小，一副全身戒备、忧心忡忡的样子。

这个大鼻子、半河马半山妖的形象是从哪里来的呢？

有人说，是扬松小时候，大人为了吓唬偷吃的小孩编出来的，说厨房的橱柜里躲着山妖，会在偷吃的小孩脖子背后吹冷气。也有人说，是有一次和弟弟就康德哲学进行了一场激烈的争论之后，她在厕所的墙壁下画下来的一个"你能想象到的世界上最丑陋的生物",旁边还写着一句"自由是最好的东西"。

总之,在之后漫长的岁月里,在托芙·扬松的笔下,姆明原来丑陋狰狞的山妖形象变得越来越可爱、友善,充满哲学气质,有人觉得他像维尼熊,有人说他像史努比。他没有嘴巴,但他弯弯的眉眼、胖乎乎的下巴、圆滚滚的肚子,可以表现出那么多的喜悦、忧伤、脆弱。他的生活也变得越来越丰满,姆明谷的森林、大海、湖泊,处处都有冒险和奇遇,奇奇怪怪的朋友来来去去,但他的世界里始终有一种几乎令人怅惘的温暖色调。

但是，托芙·杨松从不回避人生各种不愉快的现实。她的故事里有很多的爱，也有很多的孤独，包括爱得不到回应的孤独。她的故事里有很多的喜悦和冒险，也有很多恐惧与愤怒，恐惧的阴影几乎遍布整个姆明谷，尤其在冬日。

有一年，漫长的冬日未尽，姆明突然醒来，发现所有人都还在冬眠，整个世界显得无比的陌生和沉寂。姆明陷入巨大的恐惧，怀疑是不是在他睡觉的时候，整个世界死掉了，只剩下了他一个人。

《十一月的姆咪谷》[1]是一个更怪异的冬日故事。几个姆明谷的故人不约而同来到姆明谷，却发现姆明一家不在，只剩下一个空荡荡的屋子。窗外下着大雨，而他们毫无目的地在房间里游荡。他们努力地找一些事情做，但一切似乎显得毫无意义。

对杨松而言，北欧的自然风景也是心灵的风景，森林、大海、火山、严寒、沼泽似乎都有所指，象征着她笔下那些古怪鲜明的人物脆弱的情感世界。他们似乎各自代表了某种复杂的人格面向，某种看待世界的方式，而且各有各的疯狂。

姆明妈妈当然是永远的爱与温暖的源头，无论遇到怎样的艰难与困厄，姆明总是相信，只要姆明妈妈在，一切都会好的，哪怕彗星立刻就要撞上地球。但姆明妈妈也有她崩溃的瞬间，在《姆咪爸爸海上探险记》里，姆明爸爸非要一家人搬到孤岛的灯塔里居住，

---

[1] 姆明，有的翻译版本译作姆咪。

姆明妈妈思念姆明谷成疾，疯狂地在墙上一遍遍画她的花园。

姆明爸爸对于人生有一种一言难尽的失落感，他的心里藏着不安分的种子，他的浪漫主义和冒险故事里带着强烈的自恋倾向，好像必须将他的家人置于险境，让他们依赖他，才能证明他存在的价值。

姆明谷的花园里有一个属于姆明爸爸一个人的水晶球。他喜欢长时间地盯着那个水晶球,看水晶球映照出他的家人们,"这让他感到他们全都需要保护,他们都在只有他知道的深海底下"。

史力奇代表了自由,也许还有孤独,虽然他是姆明最好的朋友,但这位永远叼着烟斗的音乐家总是四处流浪,在闻到冬日气息的第一时间离开,又准时在第一个温暖的春日回来。小孩子也许羡慕史力奇的自由,可以四处流浪,但成年人也许会更好奇,为什么他总是回来?

亚美，姆明谷里最小的精灵，尖利刻薄，甚至有点冷酷无情，但也明察秋毫，一针见血。看到一只松鼠冻死在路上，她想到的是怎么用松鼠的大尾巴做一个手电筒。

麝鼠是哲学家,他整天躺在吊床上,一边思考着一切毫无意义,一边等着姆明妈妈给他送来热的食物和干净的枕头。

希米伦是否代表了成人世界渴望的秩序与权威?昆虫、花朵、邮票……无论什么东西,好像经过收藏、分类,被贴上标签之后,这个世界就有了秩序,他就可以免于那些存在主义式的焦虑,而知道该怎么生活了。但当他的收藏终于完整了之后,他却陷入了崩溃——现在,他只是一个所有者。

费尼钟属于强迫症人格，有点傻气，有点大惊小怪，害怕虫子和一切脏的东西，总是在清扫。他恪守古板的礼貌，总是邀请自己并不喜欢的亲戚朋友来吃饭。

树精是一种长得像芦笋的古怪精灵，苍白，安静，他们不会思考、不会感受，什么都不说，什么也不关心，只是四处不停地寻找，但又不知道自己到底在寻找什么。

哥谷大概是一种恐惧或者绝望的意象，巨大、灰暗、冷冰冰，凡是她坐过的地面都结了一层霜，凡是她摸过的东西都会死去。如果她在某个地方坐上一个小时，那里的土地就会变成永远的荒漠。《哈利·波特》里的摄魂怪不知道是否是从她身上得到的灵感？

哥谷

　　扬松最难得之处就在于，即便是最不讨人喜欢的角色，她也给予同情和慰藉。她取笑他们，但也尊重他们笨拙的努力。最后，是姆明在冰冷幽暗的哥谷身上看到对温暖的渴望，并最终驯服了她。他提着灯笼去海边，看着哥谷跳舞，直到她脚下的沙子不再结霜。比利时童书作家凯蒂·克劳泽告诉我，她热爱姆明的世界，因为在那里，每个人都包容每个人。

　　是的，姆明谷里有自然灾害，有心碎，有死亡，但所有的疯狂、缺陷和不完美，也都得到了包容。在孩子们能够理解和欣赏这样的包容之前，我很愿意向大家推荐这套由姆明谷的故事改编的绘本系列。

　　在这套书中，孩子们可以先认识姆明谷里那些奇妙的风景和生灵，比如大海，森林，孤岛，灯塔，海上的风暴，天边的极光，姆咪妈妈的茶会，姆明爸爸的探险，姆明与哥妮的爱情，姆明与史力奇的友谊……

其中有一个故事《姆明和许愿星》，讲的是姆明在水边玩耍时发现了一颗完美的鹅卵石，闪耀着星星的光芒。于是大家一致认为这应该是一颗掉落的星星，可以对着它许愿。到底该许一个什么心愿呢？许下了心愿之后，什么时候才能实现呢？

"愿望是一个很不好捉摸的东西。"史力奇这么说，姆明妈妈也这么说。它也许下一秒就实现，也许永远不会实现，也许只是一个一厢情愿的梦。

你怎么读这个故事，决定了你将如何理解姆明谷。如果你觉得这只是一个很傻的小故事，骗骗小孩子的玩意儿，那么，这就是一个很傻的小故事而已。但如果你愿意对着这些文字和画面多一点思考和感受，如果你愿意再去读一读姆明谷系列的故事，也许你会怀疑，或许整个姆明谷就是托芙·扬松对着流星许下的一个心愿？然后，也许你会意识到这个心愿的力量，远远超越了姆明谷本身，甚至远远超过了北欧的星空，即使我们站在半个地球之外，都能感受到它在我们心里投下的光亮。

你真正想要的,到底是什么?

我讲述的这些故事,都是树林、原野、铁道线、彩虹和月光,赋予我的。

——宫泽贤治

一棵美丽的桦树,同时被一只狐狸和一个土神偷偷爱慕。狐狸温文尔雅,博学多才,他与桦树谈诗、谈星空、谈美学,还谎称自己已向德国公司订购了望远镜,希望到手后能够让桦树看看星空中的星星们有什么不同。

土神虽有神之名,有自己的祠堂,却为人粗野,又刻薄善妒。桦树显然更倾心于狐狸。最后,土神在疯狂的嫉妒中杀死了狐狸。他到狐狸的洞穴中一看,却发现洞中空无一物。狐狸口中的诗集、美学的书、望远镜都不过是谎言。

不知为何,这个故事十分打动我。表面上一个三角苦恋的故事,细细揣摩,却似乎有许多深意,尤其是最后,土神的号啕大哭,大概是因为意识到狐狸与他在恋爱中同样悲哀的处境,是物伤其类,是悔不当初。但狐狸含笑而死，又是为了什么呢？是因为他终于从情之困扰中解脱出来，放下谎言，放下自责，放下内心的种种煎熬，诚实面对自己？他的笑，是对土神的嘲讽，还是对土神的原宥？

这些问题在我心里搁了几天，百思不得其解，恨不得将宫泽先生从地下唤醒，问问他到底是什么意思。

最后，我向周龙梅请教，她是宫泽贤治作品最好的中文译者。她说，情敌土神与狐狸代表的是各种对立事物：粗野与洗练、未开化与文明、不雅与潇洒、无知与博识……

有日本学者（东京大学小森阳一教授）认为，土神与狐狸的对比实际上是日本近代与前近代的对抗（日本所说的"近代"包括我们所指的"现代"）。二十世纪初，日本的风潮是推崇引自欧美的合理性精神和使农村人口流入城市的资本主义政策。狐狸的望远镜，美学的书，对称法则，欧洲航线，都是憧憬欧洲文化、蔑视土俗本土文化的暗示。

"桦树姑娘最后选择了象征近代化的狐狸，疏远了土神，败北的土神的怒火和悲伤，您很容易就理解了吧？"

"追究宫泽这些伏笔的妙趣，恰恰是他作品的大魅力！"周龙梅说，"不仅是我，所有人都会这么想，这么痴迷！"

作为一名作家，宫泽贤治的一生，可谓生前寂寞，死后哀荣。他生前只自费出版过一部童话集，而且连一本也没有卖出去，死后被列为日本最伟大的作家之一。在日本，关于他的作品的论述不计其数。

2000年，日本《朝日新闻》进行了一项调查，由读者投票选出"这一千年里你最喜欢的日本文学家"，宫泽贤治排名第四，票数远远超过了太宰治、谷崎润一郎、川端康成、三岛由纪夫、大江健三郎以及村上春树。

作为一个人，他的一生相当简单，却也相当令人费解。他出生于富商之家，却以继承家业为耻，从盛岗高等工业学校（现为岩手大学）毕业后，不听父亲的劝阻，跑到贫困的农村任教，以普通农民的身份开办农业技术讲习所，创办农民协会，亲自指导农民科学种田。他的理想主义不久就在现实中被摔得粉碎，贫苦的生活也毁了他的健康，37岁就患了肺病，寂然离世。

这样潦倒落魄的一生，却从未消磨他的心志——"追求世界真正的幸福，即是我的求道之路"。据说在他生前最后一刻，在极度的痛苦之中，他还在与当地农民激烈地讨论应该如何改善水稻种植。

他曾经说过："只有一个无论如何都不能放弃的问题，是希望所有生物都获得真正的幸福。相信'宇宙意志'这种东西，还是相信世界是偶然的存在，一切都是盲目的呢？我想我会毫不犹豫地选择前者。"

众生的幸福——不只是人类，而是所有生命的幸福，这是他人生唯一的目的，也是他写作最重要的动机。在他的时代，他的选择固然不为人理解，也无人赞许，更谈不上什么社会反响，但即使在我们这个时代，这样的菩萨心肠何尝不是显得陌生与不合时宜？

宫泽贤治短暂的一生创作了94篇童话。他从未表露过为孩子创作的心愿，但为什么是童话呢？

有日本学者去挖掘他的成长过程，据说少年时期的宫泽贤治痴迷于两件事，一件是带上地图、星座表、罗盘和笔记等奔走于山林间，另一件就是沉醉于阅读，尤其被《妙法莲华经》中描述的世界景象强烈吸引。

也有人研究他与佛教或《妙法莲华经》的关系，都说他的作品中充满了《妙法莲华经》的烙印，但究竟是被《妙法莲华经》中的什么所触动，谁也不知道。茫茫佛海，无处可寻。

还有心理学家从他特殊的心智构造角度解释他独特的童话风格，"宫泽贤治作品的底层所流淌的，可以说正是'山川草木皆悉成佛'这样的概念，可是我们也要谨记，宫泽贤治对于起源于西方的自然科学也拥有深厚的知识，并且透彻了解其本质。在当时的日本人里，他算是相当理性的。所以，一边带领读者体验近似'与大自然融为一体'，另一边总不忘最后的最后，留下客观的记述"。

我更倾向于认为，也许就是一颗赤子之心只能以这样的形式来表达吧。就像他的《虔十公园林》中那个世人眼中的傻子，他对世界的爱与善意，只能通过种下一片杉树林来表达。

宫泽贤治的故事，有的清澈明朗，如冬天湖水里漂浮着的一粒水晶，三岁孩童都能理解，就像《渡过雪原》中，一对兄妹吃了小狐狸的玉米团子，又获邀参加狐狸学校的幻灯会。

有一些故事，孩子读来欢快滑稽，成年人却读得悚然心惊，比如《橡子与山猫》《要求太多的餐馆》。

还有一些晦涩难懂，如心之幻象，即使成年人也无法理解。尤其是《银河铁道之夜》，宫泽贤治一生最重要的作品，更是迷雾重重，乔邦尼与康贝瑞拉之间到底是一种什么样的感情？乔邦尼小小年纪，那尖锐而沉重的哀伤感到底由何而来？康贝瑞拉坐上通往死亡的银河铁道，心里记挂的是"只要妈妈能获得真正的幸福，我什么事都可以做"，妈妈真正的幸福是什么？作者写那位捕鸟人的意图到底是什么？为什么乔邦尼说，只要这人能真正幸福，自己情愿站在那个发光的银河的河滩上，连续站一百年替代他捕鸟？

读这个故事，仿佛在一片悲伤的迷雾中行走，越走越孤独，但一颗心却不是越来越冷，而是越来越热，借用宫泽贤治自己的比喻，"如夜空中燃烧的火焰一般"。

有一些童话，就是要花一辈子去读的。

周龙梅告诉我，别人都认为《银河铁道之夜》最感人，最初让她落泪的，却是一篇《雁童子》——"因为我看懂了，不是从佛教的观点，而是人之常情，父子情，慈善之心。"

就是这么一篇短短的小故事，也有费了她将近三十年才搞明白的地方，比如童子问父亲，河为什么不停地流，这其实是佛教三法印中的"诸行无常"；吃鱼的时候童子突然哭起来，则是佛教中"大悲心"的体现，所以不是单纯的悲痛的眼泪，是高兴和感激的眼泪，所以哭着哭着，又笑了。

这几天，我一直在琢磨《土神与狐狸》，终于明白这个故事为何在这个时候如此触动我。我发现自己对土神有很深的同情。虽然邋遢粗鲁、刻薄善妒，但他为情所困，却也是扎扎实实的痛苦。他陷于爱情的罗网，挣脱不得，我们又何尝不是身陷各种罗网，物欲、名利、雾霾……

至少土神知道自己想要的是什么。

隔着一百年的时光，我仿佛听见乔邦尼在心中轻轻地问捕鸟人："您真正想要的，到底是什么呢？"

最后，以宫泽贤治生前最后一首诗《不畏风雨》作结吧。

不畏雨

不畏风

也不畏冬雪

和酷暑

有一个结实的身体

无欲无求

绝不发怒

总是平静微笑

一日食玄米半升

以及味噌和少许蔬菜

对所有事情

不过分思虑

多听多看

洞察铭记

居住在原野松林荫下

小小的茅草屋

东边有孩子生病

就去看护照顾

西边有母亲劳累

就去帮她扛起稻束

南边有人垂危

就去告诉他莫要怕

北边有争吵或冲突

就去说这很无聊请停止

干旱时流下眼泪

冷夏时坐立不安

大家喊我傻瓜

不被赞美

也不受苦

我想成为

这样的人

Part 2

与当代著名童书作家对话

黑暗与魔法

凯蒂·克劳泽，比利时国宝级童书作家，于2010年获得国际儿童文学大奖——林格伦纪念奖。授奖辞中写道："在她的世界里，幻想与现实的大门总是敞开着，作品总是让读者感受到内心最隐秘的东西，使那些遇到困难、低落或失望的人能从她的绘本中找到希望与力量。"

曾经有人写过一篇长长的论文，试图解释为什么克劳泽能够在童书中探讨那么严肃、深刻的主题，却不失孩子气的一面。比如她笔下的死神是一个小女孩，她很轻很轻地走路，轻轻地敲门，害羞地靠近即将离世的人。

她还画过一个独自住在森林里的女人安娜，厌倦了自己，厌倦了抓鱼，厌倦了窗前的椅子，厌倦了每年来一次的邮递员，终于在一个突然醒来的夜晚，在难以忍受的孤独中跳入了湖水，并在那里发现了一个重生的契机。

她在中国最新出版的是一套名为《爸爸和我》的小书，主角是一对奇怪的六足昆虫父女——米娜和波卡。米娜就像所有的孩子那样,调皮、活泼、对事物充满热情,会做一些你意想不到的事情。波卡是个温和的单身爸爸,面对女儿常常有点手足无措,但在女儿需要他的时候,他总是在她的身边。

"波卡,我把西拉弄丢了。我要去找它,你继续看电影吧!"

"我不要蝴蝶翅膀了。"米娜哭着说。

这套小书很容易让人想到嘉贝丽·文生的"艾特熊&赛娜鼠"系列。艾特是一只高大的西伯利亚熊,赛娜是一只穿红斗篷的灰色小老鼠,他们一起住在某个白雪覆盖的欧洲小镇上一座破旧的老房子里。

凯蒂承认这两套书之间的关联。最初正是艾特与赛娜之间那种纯粹的善意深深打动她,才有了她的米娜与波卡。英国心理学家唐纳德·温尼科特曾说,"爱是一种自我的投降,放下自己的需求与预设,为了更近、更仔细地倾听另一个人的需求,尊重他的秘密,并给予最大限度的包容"。当然,做父母的人都知道,在日常生活无数冲突的细节中,维持这种善意与宽容并不容易。

"我相信,一个孩子被恰如其是地倾听过、爱过、接纳过,他们是可以很强大的。有些父母相信严厉的爱,认为严厉才能让孩子坚强起来,但我想这只会让孩子更脆弱,不快乐。我觉得做一个快乐的人,比做一个坚强的人重要。"

她说,这套小书是她的"消遣"之作。在一些相对沉重的主题(比如孤独、死亡、性别身份等)的创作间隔期,她想画一些轻松的故事,关于一些很简单的主题,比如购物、野餐、钓鱼、看电影,描绘这些日常生活中小小瞬间里的诗意与愉悦。

其实,她的书,无论主题是大是小,是深沉如死亡,还是轻浅如一个瞬间,都在讲人生最基本层面的东西,关于爱,关于悲伤,关于自然与人间的神奇,关于小小的生命如何在大大的世界里获得掌控生活的力量。

在波卡和米娜的世界里，一切都小小的，小小的房间、小小的窗户、小小的桌椅、小小的锅碗瓢盆，连米娜的鞋子都带着某种昆虫性，仿佛随时会飞走。六足昆虫国的居民们个个长相奇突，衣着打扮却各有各的摩登入时。红男绿女，悠然漫步于城市街头，吃饭、喝茶、看电影、逛博物馆，你几乎要怀疑这个世界上是否真有一种这样高度进化的昆虫文明？

凯蒂故意不画波卡和米娜的嘴巴，只靠眼睛和身体语言来传递各种微妙复杂的情感，这估计是她向前辈托芙·扬松致敬的一种方式。当年，托芙·扬松姆明谷里的小精灵就没有嘴巴，全靠眼神和动作来表达情感。

为什么要以昆虫为主角呢？是因为昆虫脆弱的存在状态像孩子吗？

"不，"凯蒂说，"昆虫一点都不弱小。如果你抓住一只虫子，拔掉它的细腿，它们的确很脆弱。如果有一天，人类真的把地球给毁了，存活下来的会是昆虫，而不是人类。它们比我们强大得多。"她拿出笔和纸，在纸上歪歪扭扭地画了一只像熊一样的动物。她说，这叫水熊，是世界上最小的昆虫，小到只有笔尖大小，但它几乎能在地球上任何环境中生存。在动物世界里，迄今为止，论耐寒、论抗热，它都是冠军。通过排出身体的水分，它在零下200摄氏度的低温到150摄氏度的高温中都能生存，在太空里也能存活好几天。

我发现，凯蒂在谈论树木、昆虫、水母的时候，那种求知欲是科学家式的。画画是她探究和理解这个世界的第一工具，每次看到一个她不认识的东西，她的第一反应就是画下来，写下它的名字，然后翻阅查找更多的资料。如果不是因为小时候患有听力障碍，她大概会成为一名科学家。17岁那年，她第一次读到波特小姐的传记，就知道自己也会成为一名绘本作者。

比阿特丽克斯·波特，这位早凯蒂一百年出生的英国女性，是凯蒂创作中最重要的缪斯。凯蒂仰慕波特的才华和勇气、强烈的好奇心、对人生的务实态度，以及从日常生活的荒谬中寻找幽默感的能力。

很多女性画画，可以画得很可爱很甜蜜，就像社会期待女性画家的风格，但有一些女性，像波特小姐，她们的画充满了力量。波特的画非常真实，她以一种科学的精确度描绘故事里的动物、植物、花园和树林，她笔下的动物必须在每一个细节上都是真实而精确的，不仅在个性和行为上真实，连解剖学上的构造都是完全精确的。但同时，她画得又那么美，美得令人窒息，就好像你可以走到画里，与画中人坐在一起。"我小时候真的相信彼得兔就住在英格兰，长大了就可以去探望它们。"

与波特小姐不同的是，凯蒂的人生中还有很大的一个领域是为神秘和未知辟出的。她觉得自己在精神上与古代那个万物有灵的世界连接得更紧密。"在英国和瑞典，人们相信很多看不见的东西，比如仙女、妖精、精灵。冰岛有一块巨石，传说中是仙女住的地方，到今天人们仍然会绕道走。小时候，我父亲经常告诉我，要给房子里的妖精留一些吃的,否则他们就会搞些恶作剧整你。我就是这样长大的。"

在她看来,这种人与自然的关系很美好,虽然不是真的,但谁在乎呢?

"你知道吗?科学家研究发现,在森林里,在我们肉眼看不到的地下,所有的树木之间都通过绵延的根部连接在一起,它们中间有母树,有子树,彼此频繁地交换信息、交换养分。如果一棵树生病了,别的树会帮它疗愈。如果一棵树没有照到光线,别的树会让出空间,帮它获得光线。如果动物来吃一棵树的叶子,别的树会知道,分泌酸性物质,动物就不会再来吃……"

"我们如此傲慢,以为自己知道一切,其实我们真的不知道。今天的真理在100年后未必是真理。"

所以,她的哲学是,"不试图去理解一切,或者掌握一切,因为神秘就耸立于我们的人生之上。最好习惯于此,并学会与之共处"。

事实上,她认为,无论内容还是形式,一个故事要打动孩子,多少是需要魔法的。对她而言,魔法未必是上天入地,而可以是一片落叶,一朵花,一阵柔软的风,是听到有人在街上唱歌,是一个小婴儿第一次深深地注视你的眼睛,是你的孩子第一次学会稳稳地骑在一辆自行车上。

她乐于向孩子呈现这些看似平淡无奇的日常生活里的美、神秘与魔法。只不过,在她的笔下,世界仿佛变得更松弛、更瑰丽,植物、动物甚至石头，都是有灵魂的。在奇异的时空缝隙里，还有一些小小的叫不出名字的精灵，他们有他们的语言、他们的礼节和他们的日常。通过这一切，她想告诉孩子，一切生命都是珍贵而神奇的，值得我们的爱惜与怜爱。

在《爸爸和我》中，我最喜欢的一集是米娜和波卡去钓鱼，却被大鱼带走，遇到一位奇怪的夫人，邀请他们在一个日式风格的房间里喝了青苔茶，吃了青苔蛋糕，然后骑着龙虱，戴着氧气泡漫游海底世界。这个故事充满了一种温柔、明丽的气氛，像夏日午后的一个梦。在这个梦里，一个父亲和女儿在一起的分分秒秒都闪耀着欢愉和神秘之光。

"现在呢？"米娜问。
"我们等鱼来咬钩。"波卡解释说。
"我们要等很久吗？"米娜又问。
"有时候是的。"波卡说。

"你们想喝点茶暖暖身子吗?"奥佳建议道。
"还有绿绿的青苔蛋糕呢。"米娜开心地说。

在我的家乡，小时候每到寒食节，家家户户都要吃青苔团子，如今突然在一对昆虫父女的食谱中看到青苔蛋糕，不禁哑然失笑。凯蒂也对青苔团子心生向往，她说，她是在去日本之后，才对青苔产生了浓厚的兴趣。树不能活几千年，所以它们长在青苔上。从这个角度来说，青苔像是树的祖母。

龙虱也是一种神奇的昆虫。她说自己小时候很怕这种虫子，它们会带着一个"氧气罐"潜到水深处觅食，当氧气耗尽时，它们会停在水底植物的枝叶上，微微翘起后足，从鞘翅下面再挤出一个气泡当"氧气罐"。难道不是很像魔法吗？

那位奇怪的夫人则让人想起《千与千寻》中的汤婆婆。凯蒂喜欢宫崎骏，因为他的电影里经常有令人费解的故事与角色，比如无脸人，汤婆婆和钱婆婆也是，她们是双胞胎，一个贪财吝啬，一个温和可亲，但她们的善恶并非黑白分明，而是你中有我。

凯蒂说，她从小就喜欢那些自己无法完全理解的故事，因为正是这些不可理解之处，长久地停留在我们的记忆里，一再向我们发出邀请，邀请我们去观察，去追寻，去想象，去努力揭开谜底。

比如死亡，就是一件不容易让人理解的事情，尤其对孩子而言。我的孩子小虫4岁时，走在路上，看到地上的落叶，会问："妈妈，这个叶子死了吗？"有时候，他会学一本书里欧洲野猫死翘翘的样子，欢快地宣布，"我死了，因为我老了"。有时候，他也会突然忧伤地问起，"外婆住在天上什么地方呢？"

凯蒂的《小小的她的来访》，有人读了破口大骂，怎么可以给孩子读这么可怕的故事？有人赞叹说，这个故事太美了，真正帮助了我的孩子。也有人说，啊，这个故事好可爱，好甜美。

对我来说，这本书中最令人动容的，是作者那种混杂着温柔、忧伤与幽默的语调、节奏。凯蒂曾经说过，她不曾刻意为孩子写作，她之所以这样写、这样画，是因为这是她个人的语言。"毫无疑问，我对孩子有很浓厚的兴趣。我爱他们的新鲜、随性、幽默，以及智慧。他们比很多躲在面具后头忘了自己是谁的成年人要真实得多。"

但这种语言是如何形成的？

恐怕还是要从她的童年说起。她童年的所有假期和周末都是在荷兰泽兰省一个被称为费勒（Veere）的小港口城市度过的。那里有森林、湖泊、教堂，她父亲喜欢种花，在他们家的花园里种了很多美丽的花。

在那里，她有过非常幸福的时刻，也有过很艰难的瞬间。她的父亲对大自然的热情遗传给了她，他为她读书，给她解释树、花、鸟，告诉她许多神奇的故事。但同时，他也是一个有暴力倾向的人。他曾经是英国皇家空军的飞行员，退役后从商，"我父亲希望我强大，他像养男孩一样养大我，因为他知道我很敏感，很脆弱，总是活在痛苦里。我要戴眼镜、戴助听器，还戴着牙箍，说话也说不好。有时候我父亲会突然爆发。我从来不知道为什么，也不知道他什么时候会爆发。你做同样一件事情，有时候他觉得很有趣，有时候却会突然给你一个巴掌，而你完全不知道为什么"。

一个给你生命、爱你的人，会这样伤害你，这是她内心某个角落里永久性的伤口。这个伤口在她的《美杜莎妈妈》中有非常震撼人心的流露——一个曾经受过伤害的母亲，希望最大限度地保护她的小女儿，以她自己未曾拥有过的被保护方式，但母爱终究意味着要学会放手。

"我向你们介绍我的女儿伊丽赛。"
整个村庄的人都来了。
所有人都赞叹道:"哇!"或者叫着:"伊丽赛!"
还有人说:"多漂亮的小女孩!"
伊丽赛的接生婆玛德莲张开双臂,想要抱抱她。

"不,你不能抱她,她是我的。"

在童年艰难的时刻，书本给了凯蒂避难所。她读林格伦，读波特小姐，读伯内特的《秘密花园》。在这些故事里，她学会直面自己的恐惧、悲伤与困惑。就像小王子"驯化"狐狸一样，她认为，阅读是"驯化"恐惧的最好方式。"我越来越相信，如果一本书让你感到恐惧，一定不是书本身，而是你自己内心的某些东西，让你感到恐惧。同样，你在评判别人时，其实是在评判你自己。"

在阅读之外，她就画画。因为从小有听力障碍，她到四岁才开始说话。现代助听设备虽然能帮她像常人一样听到声音，但一旦取下，就无法辨别任何声音及其来源。一个不能依仗听力的孩子，必须通过身体语言和表情来解读一个人发出的信号。林格伦纪念奖的授奖辞里说她是"线条与气氛的大师"——她对角色的面部表情、姿势或者气氛的描摹极其精确。身体小小的变动，抬高的眉毛，手指微动，整个场景的气氛就变了。读者几乎能感觉到图像的呼吸与心跳。这显然与她从小在静默中养成的观察力有关，这种观察的习惯给予她一种与众不同的打量世界的目光，以及对于人的脆弱之处的特殊的同情。

童年中静默的阅读那一部分也一定深深地影响了她的语言，以至于她的作品中永远有一种寂静的诗意、淡淡的忧伤，以及温柔的幽默感。悲伤是生活的本质，但当悲伤变得难以忍受时，只能依靠笑来化解。不是嘲笑别人，而是嘲笑自己，嘲笑生存本身的荒谬。所以，她的悲伤从来不会演变成绝望，而是总能绝处逢生。就像安娜在深夜跳入湖水，却发现湖中的三个小岛原来是三个年轻的巨人，他们为她开辟了走出孤独，走向爱与陪伴的路。

《根孩》也一样，故事讲一个离群索居的女人，无意间发现一个长得像树根一样的孩子正在哭泣。她收留了这个孩子，他并不容易相处，她觉得他的问题太多了。她尤其痛恨这个孩子问她，"为什么你总是一个人？"但渐渐地，他的问题让她重新思考生命的意义。根孩最终离开她后，她决定放下孤独，重新回到人群，寻找新的生活。

凯蒂曾说过，她最喜欢的主题有两个，一是黑暗，二是魔法。描摹黑暗，是为了展示出路。"没有光，就不会有黑暗存在。同样，没有黑暗，也就不会有光存在。"

这个世界纵然布满幽深黑暗的隧道，但隧道的尽头总是有光，暗示着新的转折与机会。

事实上，随着岁月流逝，她的书变得越来越明亮，欢愉与幽默更多，而且书中的人物也越来越多。"小时候我很害怕人，因为我不信任他们。然后我慢慢长大，遇到很多了不起的大人，长大成人渐渐成了值得期待的事情。"

在波特小姐传记的最后一页，是波特小姐——一个农妇坐在树下，很老，但健壮、质朴。"我看着她，想着等我到了生命的尽头，我要像那个坐在树下的老妇人，想着人生多美好。那是我人生最大的目标。"

于最日常处见魔法

白希那,从第一部作品开始,便致力于引发儿童兴趣、极具个性的图画书创作。《云朵面包》以半立体的技法描绘了一个美丽的想象故事。《云朵面包》曾参加 2005 年博洛尼亚国际童书展,并获得 2005 年度文学类最佳插画奖。2012 年出版的《澡堂里的仙女》荣获韩国出版最高奖"韩国国家出版文化大奖",是获得这个奖项的第一本图画书。白希那擅长运用绘画、摄影、布艺、造型装置等多种艺术手段创作,天马行空的故事为大小读者打开了想象力的大门。

一个小女孩跟着妈妈去澡堂,在冷水池里遇到了一位奇怪的老奶奶,自称是住在深山里的仙女,因为丢了仙女裙,只好暂住在澡堂里。一老一小开开心心地玩了起来,小女孩还送了老奶奶一小瓶酸奶。

我第一次看到《澡堂里的仙女》,震惊于每一个角色都丑得那么惊天动地,更不能理解为什么这样一本书会获得韩国出版最高奖——韩国国家出版文化大奖。但是,慢慢地,这个故事在我心里留下了一些很特别的东西,我喜欢故事里亲切的人间烟火,我欣赏作者对待角色那种完全的真实、诚恳与不做作,尤其是仙女奶奶,那样土气可笑的外表之下俨然潜伏着一段悲哀的故事,但举手投足之间却如此纯真、明朗,一如稚童。

正如作者白希那所说,哪个老奶奶没有点悲伤的故事呢?"她们经历过战争,失去过丈夫,失去过孩子,都有心痛的过往和回忆。但她们仍然妆容华丽、戴着首饰,对食物充满热情和好奇,困境中仍然充满期待地生活。我喜欢这样的生命力。孩子们读了,也许也能感受到这种生命力,变得坚强起来。"

白希那是一位很特别的作家。她写作,也画画,但她的画从来不是单纯的手绘,而是大量应用人偶、剪纸、布艺、摄影等手法,将现实与幻想巧妙地拼贴起来。在一个真假难辨的背景里,你会看到实实在在从烤箱里烤出来的面包、小布头做的人物、纸板建的房屋模型、黏土捏的坛坛罐罐……

我问她为什么要采取这样一种复杂的创作方式,为什么不直接画出来呢?

她说,她从小对微缩世界有一种特殊的爱恋,尤其是小人偶,她喜欢一个虚构的生命在她的指尖上一点点成形的过程,给它们穿上服装，布置好场景、道具，打上灯光，就像拍电影一样。有时候，在拍照的瞬间，她能捕捉到小人偶的某种表情，好像它突然间活过来了，好像它真的在呼吸，在生活，在感受她为它布置的这个小小世界。

"每当捕捉到这种瞬间的时候，就好像魔法一样，我像中毒般沉醉其中，整个制作过程变得特别快乐。虽然每一个细节都是我亲手制作出来的，但我会觉得这是真实发生的事情，并不觉得自己在幻想。"

她有一个非常美好的童年。四口之家，母亲温柔慈爱，对两个女儿照顾得无微不至，父亲则是一个充满幻想的浪漫主义者，他教她们怎么用木头做娃娃小屋，做狗窝，做小长椅……有一年的时间，他们一家人生活在农村。农村里蚊子多，爸爸就给她们装了蚊帐，抓了很多萤火虫放在帐子里。把灯关掉以后，满屋子都是萤火虫的光。

她的第一部作品《云朵面包》，写的就是她自己的童年——雨天，猫咪姐弟发现树上挂着一朵小云，就带回了家。猫妈妈用它烤出了金黄喷香的云朵面包，大家吃了，竟然飘浮起来、飞向窗外……

全书最动人之处是猫妈妈在厨房里忙碌的身影，以及厨房中透出的橘黄色的亦真亦幻的灯光，温暖得令人有流泪的冲动。那一页灯光就是她对童年的感受，是她当年帐子里萤火虫的光。

成年之后，她对人生似乎失望多过希望。《云朵面包》里风雨飘摇、拥挤晦暗的街道，《月亮冰激凌》中沉闷、封闭的居民楼，都是她对成人现实的观感。

"在这个冷酷的世界里，为了生存下去，必须有幻想的因素去支撑疲惫的心灵。"

这些绘本，就是她创造的一个自己想要生活其中的世界，也是她与抑郁症之间长期的战争。只不过，她不喜欢那种完全脱离现实世界的幻想，而是于最日常处见魔法，比如云、雨、做饭、化妆、洗澡、公寓生活……

"即使在做梦的时候，即使梦到飞翔，也不是在高楼上飞，而是在离地面不远的地方飞。这是我做梦的风格。"她告诉我。

她从小就对云有一种幻想。云代表一个无法触及的世界——我们可以摸到雾，却摸不到云。所以，《云朵面包》里，她将天边的一片云揉进了猫妈妈的面团。

后来，在另一部叫《奇怪的妈妈》的绘本里，她让一位掌管天上云雨的仙女来到人间照顾一个生病的小男孩。小男孩想吃鸡蛋汤，仙女妈妈却不小心弄出了一团一团的白云。

洗澡也是日常活动，澡堂却是另外一个世界，雾气蒙蒙、回声辽远，有点像神仙洞府。所以，她安排一个丑丑的小姑娘，在这里遇见了一位丑丑的老仙女，还成了好朋友。

回家后，小姑娘生病了，仙女奶奶在梦中出现，抚摸她的额头，治好了她的病。

　　睡觉何尝不是一种魔法？闭上眼睛，暂时抛下一切苦恼忧愁，静待人生重启。

愿上帝保佑这些傻里傻气

托尼·罗斯：1938年出生于伦敦，毕业于利物浦艺术学院，从事过卡通设计、图像设计、广告、插画等多种职业，还担任过艺术讲师。1976年他出版了第一本绘本，并在之后将近40年时间里画了3000多本童书。他拿过许多奖，但他感到最具荣耀的——他是英国各大图书馆被借阅次数最多的童书插画家。

小公主长大以后

艾莉克斯今年快40岁了，没有工作，偶尔写点诗。她有三个孩子，与三个孩子的父亲们关系都很好，但没有一个是她的丈夫。她很有创造力，也很幽默，做过很多工作，比如理发师，但从来不用工作定义自己。大部分时候，她过着合理、健康和幸福的生活。毕竟，没有人整天都开心。

那她怎么养活自己呢？

"我不知道啊，这是世界第八大奇迹。"托尼·罗斯大笑道。

40岁的业余诗人艾莉克斯是托尼的女儿,也是他最畅销的童书系列"顽皮小公主成长故事"的原型——那个淘气的、贪心的、自私的、不那么善良的小公主。"小公主"不是隐喻,她是一个真正的公主,爸爸是国王,妈妈是王后,堂兄堂妹都是公爵或者女爵。他们住在一个不算太奢华的城堡里,有威严的大门和高高的城墙。

　　这位英国童书作家今年81岁,一头白发,大鼻子,大耳朵,笑起来眼睛里放着顽皮的光。他是带女朋友随行的,这位名叫苏西的女士曾是他忠实的仰慕者。这位看上去魅力非凡的老先生,感情生活似乎不太平静。记得两年前我在电话里采访他,谈起英国画家的收入,他跟我侃侃而谈,讲他的收入是如何被三个前妻和英国税务局瓜分的。

　　跟这样的老先生聊天真是人生一大乐事。英国式的诙谐、机智和彬彬有礼,令人如沐春风。他说自己画画很快,一个星期就能画完一本书。但他不大擅长画漂亮女人,所以他的书里几乎没有漂亮女人。如果非要画漂亮女人不可,通常画出来的都是邪恶女巫。他也不喜欢自己的长鼻子,但在画了3000多本书之后,很难放着自己的那张脸不用,所以他的很多角色都长着一个长长的大鼻子。

　　尽管他百无禁忌的老顽童做派非常迷人,但我还是很想提醒他,一会儿演讲的时候艾莉克斯的故事最好别提太多。中方出版社把"顽皮小公主成长故事"系列定义为"性格养成""习惯养成"手册。

满屋子中国家长来到这里,是为了学习如何做好父母,而艾莉克斯恐怕不太有说服力。

"一个作者写作,是为自己写;一个读者买书,是为自己买,他们有绝对的权力按自己的心意和需求去读它。"他说。

我小心翼翼地问:"小公主恐怕多少是被宠坏了吧?"

老先生一脸不可思议:"当然啦,她绝对是被宠坏了的。小孩子就应该被宠坏啊。他们那么小,没有任何权力,所以大人必须照顾他们,给他们想要的一切。"

"难道不是每个人都如此吗?"然后,他转念一想,"不过,也许我是个糟糕的父亲。"

从蝴蝶到毛毛虫

关于这个系列的由来,有一个很有趣的故事。他的大女儿艾莉克斯小的时候,每次睡觉前都要上厕所,他就在厕所门口等她。进去很长时间了,小姑娘也不肯出来。他猜她是拖着不想上床睡觉,小孩子都这样,为了不睡觉,什么事情都干得出来。

"小公主,快点啊。"他在门口催了一句。

"我又不是小公主。"她闷闷不乐地出来说。

"你当然是小公主啦。"

"我又没有皇冠。"

"你是仙女公主。"

"世界上根本没有仙女。"

"当然有啦。而且她们会很伤心,因为她们选了你做她们的仙女公主,你却不相信仙女。你看,你戴着皇冠呢。"

"我根本没有戴皇冠啊。"

"当然有啦,如果你相信仙女,就能看见你的皇冠了。因为你不相信仙女,所以你看不到皇冠。我就能看得很清楚。"

"这太傻了。"

"这是真的。世界上有很多你看不见的仙女,她们都是很神秘、很注重隐私的小人儿。"

然后,读睡前故事的时候,艾莉克斯开始问:仙境在哪里?

他说:"就在这里啊。这个房子就建在一个旧的仙境上,有很多小仙女在花花草草之间玩耍,但你看不见。据说一个人只能从眼角瞥到仙女。你坐在那里,突然就会有一个仙女闪过你的眼角,然后就消失了。她们就是这样的。"

然后,他跟女儿道了晚安,熄了灯。

"然后,你猜她做了什么?"他问我。

"她取下她的皇冠,放在了床边的桌子上。"

这段30多年前的往事,我怀疑老先生已经在无数场合讲过无数次,各种语气、用词、细节显然都经过打磨。但一个父亲对于小女儿的宠爱之情,并不会因为讲述多次或多次调取记忆而有所损耗。

他由衷地说，一个孩子对虚构事物的欣然接受是多么美好的一件事。在这个祛魅的世界里，只有孩子还对世间万物保留着诗意的信仰，只有他们愿意暂时搁置怀疑，去相信那些从未发生过的事物里也有深刻的真理。

"我觉得孩子天生是完美的，然后他们渐渐变得不完美，然后死去。所以，一个孩子长大成人，就像是蝴蝶变成毛毛虫。他们的灵魂里属于蝴蝶的那一部分精细和复杂死掉了，另一种东西掌控了他们。"

第一则小公主的故事《我要小马桶》，他花了两天时间就画完了。故事简单而可笑，小公主不想用小马桶尿尿，然后就尿到自己身上了。这本书很快就被别的国家的出版商看中，迅速走红欧洲。"那时候我没有恐惧。现在我再创作一个故事，就会担心别人怎么看这个故事。"

"也许我已经过了一个艺术家的黄金年纪"，他突然感慨道，"一个艺术家通常在年轻的时候最富有创作活力，等老了，作品也会变得无趣。英国诗人华兹华斯年轻的时候写下了那么多美好的诗句，他老了还在写，但再也没有年轻时那种闪闪发光的特质了。"

然后，他给我看他最新创作的一本书，封面上是一个小土堆，围着几只小蚂蚁，中间那只蚂蚁龇牙咧嘴地笑着，书名是《一只拥有名字的蚂蚁》。

这只名叫道格拉斯的蚂蚁是整个蚁群里唯一有名字的。他一出生，似乎就与众不同。他慢慢长大，开始思考人生，想着该如何融入社会，如何度过一生。他看着其他蚂蚁在一个长长的漂亮的队伍里搬运食物，很希望自己也能成为那条线里的一个点，但命运对他另有安排。蚁群要他做一个士兵。于是，他当上了忠诚的蚂蚁士兵，穿上了军装，背上了枪，兢兢业业地站岗放哨。

道格拉斯扛起步枪，加入战士们的美丽队伍，在队伍中踢来踢去。小蚂蚁们在一旁挥舞着旗帜，乐队演奏着音乐。

道格拉斯很高兴自己能够成为一名战士，行走在美丽的队伍中，保卫小蚂蚁们的生命安全……

然后,一颗人类的炸弹轰然而至。整本书的画风突变,残破荒芜的战场上,弥漫着浓重的黄色毒气,人类士兵正在厮杀,画面左下角处有唯一一抹红色,旁边写着"结局"。战争来得如此突然,读者可能需要一点时间,才能意识到那里就是小小的蚁窝瞬间灰飞烟灭的地方。

老先生告诉我,两件事情触发了这本书的创作灵感。第一件事是一次度假,他躺在威尔士海边的阳光下,看一群蚂蚁忙忙碌碌地搬东西,沿着一道墙形成一条很长的线,非常美的线,然后消失在

一个小洞里。

"我觉得人们应该多看看这些小小的昆虫,从它们身上学点什么。我看着那些蚂蚁,多好的小家伙,没有人抱怨,没有人反叛,没有人说我不要背这个东西,它们都为了共同利益任劳任怨,井然有序,彼此帮助,这是很美好的事情。"

第二件事情是,有一年他在比利时参观滑铁卢战役的遗址,那场英法之间的大战,伤亡人数五六万,到处都能看到当年战死士兵的纪念碑。然后,他发现有兔子从他脚边跑过。他突然想到,在那场人类的战争里,一定也有很多动物死了,比如兔子啊,猫啊,狗啊,鸟啊,蝴蝶啊,以及所有那些小小的昆虫,但从来没有任何纪念碑为它们而建。"从来没有人提过这一点。"

"历史书上总是写,1914—1918,多少多少人被杀,但从来没有人提起那些被杀的兔子,被杀的蝴蝶,被杀的鸟。我希望把孩子们的注意力引到那些无辜死去的小生命上,它们不知道发生了什么,也没有任何发言权,从来没有人问过它们的意见,甚至没有人意识到它们的存在。我希望这些能让孩子们思考死亡、痛苦以及战争的无意义。"

我问他,这本书与他 30 多年前创作的小公主之间有什么关联没?

他思考了半晌,说:"小孩子在成年人的世界里没有权力,就像蚂蚁、蝴蝶、兔子在人类的世界里没有权力一样,它们都是天真而无辜的。我希望至少他们的声音可以被听到。"

孩子在巨人的领地

关于孩子和大人之间的关系,英国作家罗尔德·达尔曾经有过一个非常精妙的比喻。他说,孩子生活在巨人的领地里,巨人告诉他们应该吃什么,穿什么,做什么,带他们去学校,要他们做一切他们不想做的事情。

"这是事实。"罗斯先生说,"孩子的身高通常不到大人的腰部。在小公主系列里,你会发现,在人多的场景里,小公主眼前常常晃来晃去的都是大腿,没有身体,因为这就是孩子的世界。身体、智力、大人们谈论的东西,都与孩子无关,而大腿告诉他们,你们这么小!仅此而已。"

"即使贵为小公主,戴着皇冠,也仍然是在关系链的底部,所有大人都在告诉她该做些什么。国王是重要人物,女王是重要人物,首相是重要人物,将军是重要人物,海军上将是重要人物,唯一不重要的人物是女仆,而小公主只能和她交谈,她们之间的关系也是最亲密的。"

但是,大人真的更懂这个世界吗?他们真的知道什么是对,什么是错,什么是好,什么是坏,什么能导向幸福,而什么会招致悲剧吗?真的有一个所谓的"现实世界"需要孩子们早早为之做好准备吗？

在小公主眼里，心细的小读者会发现，将军很胆小，海军上将不会游泳，医生脸上长满了疹子，所谓"专业人士"变得很可疑，甚至很可笑。

罗斯说，为了在巨人的领地上生存，孩子们需要智慧、直觉和技巧，他们还需要学会思考、质疑和忧虑。规则可以被设定，但也必须被挑战、被质疑、被推翻，正所谓愚人遵守规则、智者受其指引。这就是他喜欢画熊孩子的原因——熊孩子足够复杂，他们敢于反叛规则，他们不认为规则的存在本身代表了它的合理性。

所以，从小公主系列开始，他的笔下几乎全是熊孩子，那些淘气的、调皮的、爱捣乱的男孩和女孩是他永远的主角。比如他曾经为林格伦的《长袜子皮皮》画过插画。"从我出生开始，就希望能自己掌控自己的人生，但一直没有实现，而皮皮是完全自由的。我多羡慕她！"

多年来，他一直是英国女作家弗朗切斯卡·西蒙著名的童书系列"淘气包亨利"的御用插画家。亨利淘气顽劣，以自我为中心，走到哪里都会惹出一堆麻烦，连他的泰迪熊都躲着他。但他并不邪恶，他说的话、做的事，每个孩子都在心里暗自说过、做过。这些故事不过是孩子们那些不那么愉快的情绪的出口罢了。

事实上，他自己小时候就挺有淘气包亨利的风范的。他对父母说谎，对家人玩各种恶作剧，躺在地上装死人，把青蛙放到奶奶的鞋子里，而且从来不听他们任何好心的建议。

英国作家艾莉森·卢里有一个理论，她认为最好的儿童作家，他们的童年常常遭遇过某种破坏，比如父母的死亡，或者不断地搬迁，从一个国家到另一个国家。因为无法拥有一个完整的童年，他们才在成年之后重新创造或者改造失落的那个世界。对于这种说法，罗斯先生连连摇头。他说自己有一个完美的童年，父亲是魔术师，母亲是舞蹈演员，他们都是天性快乐的人，经常在家里举行派对，听爵士乐，跳舞，还是小男孩的他经常深夜爬下床，躲在楼梯口偷偷看楼下的派对。"我热爱童年的每一天，父母、朋友，我甚至喜欢上学。"

他最大的梦想是做一个牛仔，扬善惩恶，匡扶正义。那时候，美国西部电影在英国很流行，小孩子的周六专场全是西部牛仔的故事。那些故事里，好人总是穿着白衣服，很英俊，坏人总是穿黑衣服，很丑陋。他曾经给当时的美国西部片明星约翰·韦恩写信，表示希望在他的电影里演一个牛仔，"我已经有了帽子和靴子，但还缺匹马，您是否可以提供一匹？"

"当然，约翰·韦恩没有回信，他死了。"他不无遗憾地说，"但这种善恶好坏之间的区别，一直跟随着我。"

从某种角度来说，他的确实现了儿时的梦想。作为童书作家，在他的书里，他完全站在孩子的一边，捍卫孩子的自由和权利。我试图提醒他，其实成年人也挺难的，尤其是为人父母者，时常觉得自己才是被占领的那一方,活在一个其实并非属于自己的世界里。

"哦,不,我对大人完全没有同情,一点都没有。"他说,"孩子生来就是完美的。作为成年人,我们需要做的,就是爱他们,宠他们,对他们的淘气睁只眼闭只眼(除了不让他们做蠢事伤到自己),孩子就应该这样长大,然后他们再这样养育他们自己的孩子。人类的文明就是这样延续的。"

"我们对孩子的善意,很多时候是没有必要的,是冒着傻气的,就像你把一只猫抱下窗台,但它明明可以自己跳下去。为人父母有时候就是傻里傻气的,人性中最美好的一面常常是傻里傻气的,上帝保佑这些傻里傻气!"

幽默的本质是悲伤

聊起电影时,罗斯先生表示自己很喜欢伍迪·艾伦。他说,如果有人要在电影里演他,只有两个人选,要么是布拉德·皮特,要么是伍迪·艾伦。

他最喜欢的伍迪·艾伦的一个笑话是这样的:两个犹太女孩在餐厅吃饭,一个人说,"天哪,这里的食物真是糟糕!"另一人回答,"就是,量还这么少。"

"我喜欢这种犹太式的幽默。很聪明,很世故,很微妙,又是从真实的生活中来的。"他说,最好的幽默,往往是从一个简单而聪明的想法开始的。比如在他的小公主系列里，有一个故事是这样的：怕鬼的小公主看到一个怕小女孩的小鬼，小鬼跑到鬼妈妈那里，鬼妈妈温柔地安慰他，"世上没有小女孩这种东西啦……"

珍妮·威利斯的《蝌蚪的诺言》（罗斯负责插画）是一个更加绝妙的故事。一只小蝌蚪和一只毛毛虫一见钟情，毛毛虫是蝌蚪心里唯一的小彩虹，而蝌蚪是毛毛虫心里最珍贵的黑珍珠。他们彼此承诺，永不改变。有一天，蝌蚪破坏了自己的承诺，长出了后脚，毛毛虫非常生气，但是蝌蚪苦苦哀求毛毛虫原谅，并承诺永远不再改变。可是，蝌蚪又再次破坏了承诺，长出了前脚，更糟的是，连尾巴都不见了。毛毛虫生气极了，决定离去，不再理会变成青蛙的蝌蚪。

过了一段时间，变成蝴蝶的毛毛虫决定原谅蝌蚪，她展开美丽的翅膀，到处找寻蝌蚪。她来到一只坐在荷叶上的青蛙旁，正开口准备向青蛙询问有关蝌蚪的事时，怎知青蛙一张口，就把蝴蝶吞下肚子了。

"这是你能想象到的最简单最明显的故事。这个故事已经存在了几千几万年了，为什么从来没有人想到呢？"而且，这很符合他对爱情的感受，"爱情是一种极致的喜悦，但总有一个讨厌的声音在你耳边唠叨，可怕的事情很快就要发生了"。

"您觉得，这到底算是一个悲伤的喜剧呢，还是一个欢快的悲剧呢？"我问。

"幽默常常基于悲伤、痛苦和不悦。我不知道为什么，但事情似乎就是如此。比如小丑，你仔细想想，小丑总是不断地摔倒，或者被什么东西砸中后脑勺，被一桶水泼到头上，然后所有人哄堂大笑。小丑是异常悲伤的人，这就是为什么他们有一张大大的悲伤的脸。卓别林如此，大部分伟大的喜剧演员都是如此。如果没有悲伤，快乐就不会存在，因为快乐只是悲伤的另一极。"

他说，他最爱的一本童书是《伤心书》，是一个父亲回忆自己早夭的儿子。在一个父亲的回忆里，喜悦有多巨大，绝望就有多深重。或者说，绝望有多深重，喜悦就有多巨大。"也许这是自然的平衡之道。幸福深植于悲伤，就像美深植于丑，富裕深植于贫乏，光明深植于黑暗。"

一个孩子为什么要读童话？

关于这个问题，我听过的最好的答案是，"童话存在的目的，不是告诉孩子们世界上有恶龙，这一点他们早已知道；童话存在的目的，是告诉孩子们，恶龙是可以被打败的"。

罗斯先生表示同意。"我所有的作品里都有悲伤。愤怒、眼泪、被训斥、被逼迫做自己不想做的事情，童年就是这样。甚至人生也是如此，归根结底，每个人都有一些自己想做而社会不愿意接纳的事情。但最后，我总是为孩子们安排一个美好的结局，因为童书是为了帮助孩子，而不是伤害他们。"

他停顿了一下，说：《一只拥有名字的蚂蚁》或许是我唯一一本没有传递这个信息的书。"

一本书，一千个故事

无字书允许，或者说要求读者按自己的方式诠释自己眼中所见的事物。没有一个文本来讲述故事，因此每个读者读到的都是不同的故事，每个人都与这个故事产生独一无二的连接。没有哪个版本更正确或更合法，因为每个孩子的想象力都是独特的。看一个孩子玩耍，就是看想象力无远弗届的荣光。

作为一个成年人，阅读无字书是一种陌生而奇妙的体验，比如这本《海底的秘密》。

一个男孩在海滩上发现一个古老的水下照相机。相机中的照片洗印出来以后，他看到的是海底奇幻的城市与文明。

愿你心中有一个广阔宇宙

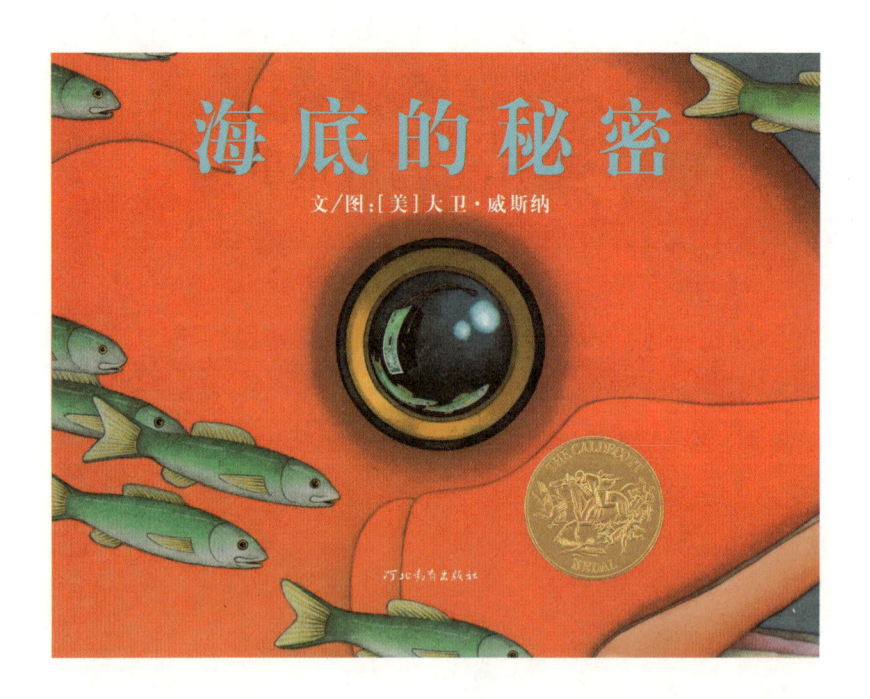

海底的秘密

文/图：[美]大卫·威斯纳

最有趣的是最后一张照片，一个女孩手中握着一张孩子的照片，那个孩子手中又握着另一个孩子的照片，如此反复，犹如俄罗斯套娃。

男孩意识到自己是这个相机无数有缘人中的一个。于是，他拍了一张自己拿着照片的照片，又将相机扔回了海中。

海浪带着相机不断漂流，记录下海底亦真亦幻的动物与奇观……

直到它漂流到又一个海岸，又一个孩子发现了它。

每一次重读，这个故事就变得更丰富一点，背景中的细节一点点敞开，男孩的个性更加鲜明，水下照相机也显得越发神秘，它从何而来，又往何处去？它拍摄的那些画面到底是真是幻？

照片中的每一个孩子都只有一张微笑的面孔，却令人对他们的故事浮想联翩——茫茫时空绵延开阔，真实与虚幻之间渐渐不可分辨，仿佛天地之间有一根神秘的纽带，连接着这些不同时空中的孩子。

很多父母看到一本没有文字的图画书，很容易会认为这本书没什么价值——所谓读书识字，半个字没有，岂不是时间与金钱的双重浪费？

这是成年人的成见。我们大部分人在童年里因为没有经历过图画的滋养，因此也对这种媒介的潜质缺乏了解，或心生轻视。

其实，阅读图画是一种很复杂的思维过程。你必须对图片进行基本的解码（时间、地点、人物、氛围），在图片与图片之间建立连接（如果有文字，还要建立文字与图片之间的连接），并进行大量的推断——根据所见得出结论，决定不同的信息之间如何相互关联。

文字越少，越需要读者全神贯注。读者越是专注，越能发现图片中细微的变化与差异。比如在上文提到的图片中，作者既然对这个男孩不着一字，你就必须努力从背景中寻找与这个男孩的身份、性格相关的一切视觉信息，比如他随身携带的放大镜、显微镜、望远镜、水桶、铲子、捕蝶网……

在美国，大卫·威斯纳被尊称为"无字书大师"。他有三部作品得到过凯迪克大奖：《海底的秘密》《三只小猪》和《疯狂星期二》。

他曾来过中国，在国家图书馆办了一场讲座。他谈到自己之所以热衷于创作无字书，是因为无字书乃是最纯粹的视觉叙事形式，也最能刺激孩子的想象力。

"想象力是刺激一个孩子好奇心最强大的工具，"他说，"一个孩子好奇的时候，他会提问，会以积极的方式使用他的心智，思考自己阅读的内容（在我而言，是图片）的含义。"

"无字书允许——或者说要求——读者按自己的方式诠释自己眼中所见的事物。没有一个文本来讲述故事，因此每个读者读到的都是不同的故事，每个人都与这个故事产生独一无二的连接。没有哪个版本更正确或更合理，因为每个孩子的想象力都是独特的。"

大卫·威斯纳自小对视觉语言有一种天生的敏感。9岁那年，老师在课堂上读了雷·布拉德伯里的短篇小说《火星纪事》，讲一群小孩在火星上的生活。火星上终日暴雨，太阳每七年才能见到一回，而且只有两个小时。那个故事很残酷，但他对火星着了迷，一边听，好像一边能看到每一个场景在眼前发生。"我第一次发现自己视觉化地创造一个故事的能力。"

他在罗德岛设计学院读书的时候曾经尝试过许多视觉叙事的媒介，比如漫画、动画、电影，但最后认定图画书才是最合乎他的理想的媒介。在他看来，图画书的视觉语言看似简单，但实际上表现手法十分精致而复杂。结构上看似有诸多限制，但限制之中又包含叙述方式的无限可能。它还独具一种超越其他任何媒介的幽默潜能，"也许只有卓别林和巴斯特·基顿才能将如此全面的幽默元素集于一身"。

那场讲座上，他展示了大量的创作图稿，以说明他是如何"以图画思考"、"以图画写作"，以及创意的魔法如何在纸上发生。但最让我钦佩的，是他对于一个想法或者概念的探索与挖掘，对一个故事的持续打磨，其执着程度，以及花费的心思与智力，绝不逊于一流的文字作家。

"图画与文字虽然性质完全不同，但同样是用来讲故事。以图画写作与以文字写作的过程比你们想象的要相似得多。当我将图片组合在一起，试图讲述一个故事时，我考虑的东西与文字作者考虑的东西是一样的——角色、情节、设置、节奏……"

他谈到他如何为故事找到一个完美的开头而绞尽脑汁,"我希望读者在第一页就开始好奇,开始思考,就像小说家为他们的小说寻找第一个句子"。

他谈到一个角色是如何进入到他的脑海里的。比如《疯狂星期二》,那原本是他为少儿杂志 Cricket 画的封面,那一期封面刚好跟青蛙有关,于是他就画了一只青蛙坐在荷叶上的画面。

青蛙坐在荷叶上的样子,越看越像是外星人坐在一艘飞碟上。

"青蛙一开始看上去有点傻气,但飞起来以后,它们一下子显得很有尊严,高贵,甚至有那么点洋洋自得。我想了解更多关于它们的事情。"

有一天,他坐在飞机上,看着空白的素描本,突然想到,"好,如果我是一只青蛙,发现自己突然飞起来了,会想做些什么?往哪里飞?"

他谈到他如何借鉴漫画和电影的多重叙事技巧,以丰富视觉阅读的趣味性。

他谈到如何制造翻页的悬念、期待与幽默感。

经常有人问他,《疯狂星期二》的灵感来自哪里?你是对青蛙有什么情结吗?你是不是有一只青蛙宠物?你是不是住在沼泽地附近?

"事实是,想象力不需要外部的刺激。看一个孩子玩耍,就是看想象力无远弗届的荣光。"

大卫·威斯纳出生于 1956 年，是 5 个孩子中最小的一个。他们家住在新泽西州的郊区，周围是一片小树林和几英亩未开发的空地，但在他和他的小伙伴眼中，却是史前丛林、茫茫宇宙，只要一点点信仰，就能看到翼手龙在头顶盘旋，外星人登陆地球。

很多他在书中挖掘的创意其实都是小时候想到的，比如飞行（尤其是让那些不能飞的东西飞起来）、平行世界、海底生物、变大变小等。

20 世纪 50 年代流行巨型蜘蛛、巨型蚂蚁之类的电影，小小昆虫变成巨型怪兽，或者人被缩成昆虫大小，尺寸一变，日常生活就成了异想世界。

多年前，他曾为 Cricket 杂志画过另外一幅封面，一群外星人的飞碟坠毁在茫茫大漠之中，翻到封底才发现，那个沙漠其实是一个孩子的沙盒游戏。

他一直想把这个想法画成一本书，但苦于没有合适的情节。直到 20 年后，他无意中在纸上画一个飞碟，画着画着突然觉得很像一个猫的玩具，由此才有了《华夫先生！》这本书。

Part 2　与当代著名童书作家对话

谁能想到傲娇黑猫的一场小小游戏，竟是一部惊心动魄的战争史诗。

《三只小猪》则是他小时候看动画片得来的灵感。在那个动画片里有一个角色在跑,急转弯时拐得太急,拐到影片之外去了。那个角色停下来时,发现自己站在胶片边缘,赶紧又跑回去。

一个角色离开故事,又进入故事,背后的巨大空白——这个"穿越"的概念在他的脑海里酝酿了15年,最后以三只小猪的故事表现出来,因为《三只小猪》是这个世界上最广为人知的一个故事,每个人都可以欣然地跟随三只小猪离开故事,而不至于对它们原本的命运感到困惑。

三只小猪驾驶纸飞机离开了故事,寻找一个安全的家园。"如果你是那个故事里的小猪,每次都被狼吃掉,难道你不会有一点动机,想要逃离那个故事吗?"

他们经历了狂野的旅程,还拯救了别的故事里与他们有共同命运的角色。

三只小猪在不同的故事之间串场。"在现实之外还有另一个空间,一个无边无际的空的世界,这个空间的概念让我很着迷。"

最终,这些从不同时空中穿越而来的动物们都找到了一个安全的家园,从此幸福地生活在一起。

所以,他说,"我所有作品都不过是一个美国男孩郊区童年生活的产物。欧洲、亚洲、南美洲的孩子竟然都能欣赏,这个事实至今让我惊叹不已"。

追随另一种目光看世界

孩子的思维与成年人不同。他们能吸收和接受任何新的观念。因此,只是教给他们一些正确的观点是不够的。科学的理解很重要,但也应该鼓励想象。

做记者的,心里大概都藏着那么一份名单,列着这辈子真心希望能够有机会与之对话的人。我的名单上日本人不多,宫崎骏、木村拓哉,如今又多了一个名字——安野光雅。

我第一次看到《旅之绘本》,完全没有领略到其中的好处。直到两年后,在一个无所事事的下午,坐在阳台上,静静地翻开,一点点辨识出那些曾经去过的地方、读过的历史、听过的故事、爱过的风景……

这才领略到这套薄薄的小书背后是一双多么聪明、多么有趣、多么敏感的眼睛。这双眼睛穿透历史的烟尘与千山万水的距离,为我们呈现了一个如此真实又如此不可能的世界。

愿你心中有一个广阔宇宙

"道路无限延伸。越过山丘、跨过河川、穿过漫无边际的青青草地,恣意伸展……从一个村落到另一个村落,从一个小国到另一个小国,一边迷着路,一边开始一个遥远的旅程。"

安野光雅,一位多么了不起的创作者,如此的渊博,如此的幽默,又如此的富有原创性与发明性。

后来我才知道,他不仅给孩子创作童书,也为成年人创作关于数学、哲学、历史和旅行的书。他为日本的科学杂志设计的封面令人惊叹,他也在电视上谈论艺术与艺术史。

但是,读他的个人随笔集《绘画是一个人的旅行》,从幼年时光写到垂暮之年,却又是那样宽厚、诚挚、谦和,没有激烈的文字,也没有半点知识与艺术的架子,遗憾和苦难都是一笔带过,偶尔还露出点老顽童的本色。文字简单平淡得像流水，余味复杂醇厚却如青橄榄。

安野光雅已经90多岁了，又是日本人，采访恐怕是没有机会了。所幸他一生创作，留下了大量的图像与文字。另外机缘巧合，我找到了美国资深童书评论人伦纳德·马库斯（Leonard Marcus）在1989年对他的一次采访，马库斯先生也是等了10年才等到采访的机会。林林总总，总算能消减我的遗憾。

马库斯先生形容安野光雅"肩膀开阔，目光锐利，经常恶作剧"，倒是与我想象中的样子相去甚远。不过，那毕竟是30多年前的采访了。

安野光雅出生于日本西部一个群山环绕的小村庄，家境贫寒，从小就喜欢画画，画山，画房子，画妖怪。既没有家学渊源，也没有名师指点，一生所学，几乎都凭一己的好奇心与求知欲。他早年在东京的一所小学教美术，60年代去巴黎学画，深受荷兰艺术家M.C.埃舍尔的影响。由此渊源，也就很容易理解安野光雅在之后创作中的主题、倾向与喜好。

埃舍尔迷恋不可能的图形结构，他擅长制造视觉幻象，用他自己的话说，"我试着用我的作品证明我们生活在一个美丽且有序的世界，而不是在没有规范的混乱中，即使有时它看起来是这样。我的主题也通常淘气有趣：我无法抑制自己去表现那种我们认定的必然、不可辩驳之事所带有的荒谬。举例说，我乐于把二维、三维物体,表面和空间关系混合起来,和地心引力开玩笑"。

安野光雅曾说,小时候,他想象"地球是圆的"这个概念,就像一个橡皮球被翻转过来,不同大陆的人生活在橡皮球里面。他在悉尼遇到小朋友,跟他们开玩笑说,很怕自己会在这里掉入地球的另一端。小朋友们笑着安慰他说,"别怕,地球是圆的,但也有平坦安全的地方"。

"当然,这是一个男孩想象的方式,但这种想象是感知真实世界的另外一双眼睛。这是我创作所有书的源泉。"

这句话给我印象极深。想象与现实之间从来不是对立关系,而是互补关系。绘画的意义,除了在于如实地捕捉世界,更在于描绘看不见的东西,或者不可能的东西。

安野的第一本童书《奇妙国》出版于 1970 年,就是通过精巧的视觉转换,打破了合理与荒谬、二维与三维的边界,为读者展现了一个个现实中不可能存在却又诡异地合乎逻辑的幻想世界。

彭罗斯阶梯(Penrose Stairs)由英国数学家罗杰·彭罗斯

（Roger Penrose）提出。彭罗斯阶梯是一个无尽的回廊，一个迷宫。四节楼梯，四角相连，但每节楼梯都是向上的，因此可以无限延伸发展，是三维世界里不可能出现的悖论阶梯。在《奇妙国》中，安野借鉴"彭罗斯阶梯"中四边形的四条边，互相衔接向上以"口"字形呈现的视觉悖论，使奇妙国的尖角红帽小人们生活在一个假想的、无穷符号"∞"型的世界中。

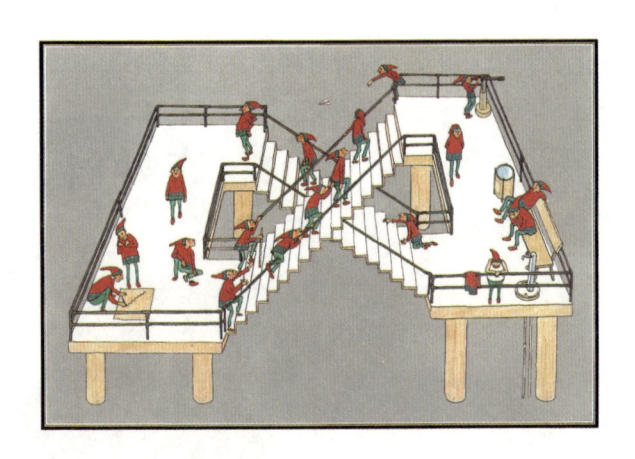

在《颠倒国》中，他通过图片描述一副扑克牌中互相颠倒的两个国家之间，互相怀疑和争论的故事。绘本中的人物一正一反地生活在同一个假象世界里，重力的方向完全不同，由此向孩子展现"相对"这一抽象概念。

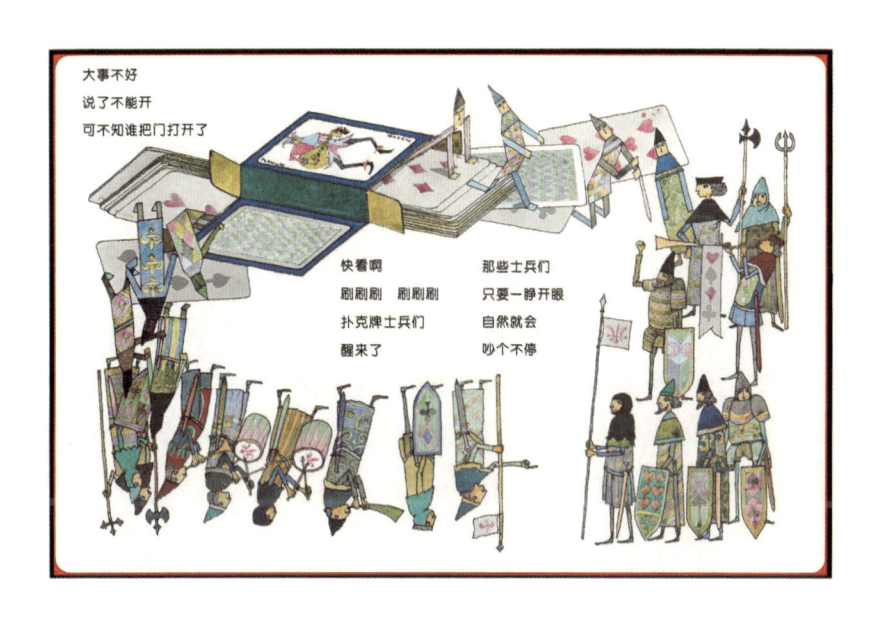

大事不好
说了不能开
可不知谁把门打开了

快看啊
刷刷刷 刷刷刷
扑克牌士兵们
醒来了

那些士兵们
只要一睁开眼
自然就会
吵个不停

　　这样的书，我们成年人读起来可能都觉得费劲，但安野相信孩子有理解这些抽象画面的能力。

　　"一个小孩子也许不理解毕加索，但如果我画一个圆，再在圆上加一条线，即使两岁的孩子也会看出来那是一个苹果。不需要颜色，只要一个轮廓，这是一个孩子通往抽象理解的第一步。如果我画一张简单的图，圆形作头，四方形作身体，简单的短线作胳膊和腿，一个孩子就能理解我说的，'这是爸爸，这是妈妈'。成年人也许不觉得有什么，但一个两岁的孩子能做到这些，是一种奇迹。

　　"孩子的思维与成年人不同。他们能吸收和接受任何新的观念。

因此，只是教给他们一些正确的观点是不够的。科学的理解很重要，但也应该鼓励想象。一些大人看到彩虹，就觉得要给孩子们解释色谱的概念，但真正应该让他们感受的，恰恰是那种神奇的感觉。

"我的书从来不曾想教孩子什么东西，而是希望提供一种环境，孩子能够自己学习，感受发现的乐趣。"

在马库斯的采访中，安野特别谈到了小孩子应该怎么读他的作品，举了一个小小的例子：《旅之绘本》的丹麦卷中有一幅拇指大小的画作《拾穗者》，是19世纪著名画家让·弗朗索瓦·米勒的作品，画的是三个农妇在田间弯腰拾麦穗的场景。

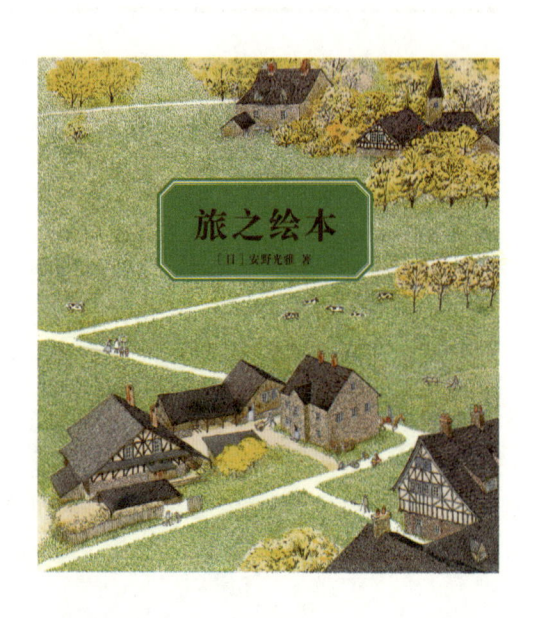

"一个孩子看到书中的这个画面，他不会知道这幅画从哪里来，但他会编一个关于她们的故事——她们是谁，她们在想什么，住在什么样的房子里，等等等等。然后等他们长大了，看到米勒的画，也许会再次记起那些女人。我小时候也是一样。我喜欢观察人，想象他们的故事。如果一个男人走过，我会想他是个木匠，或是个医生，正打算去医院看孩子，如此如此。"

这是很简单的道理，却也是他的作品最令人折服之处——一种想象形式的开放性。在他的作品中，读者必须完成自己的理解与幻想。不同的读者会以不同的心灵状态参与到他的作品之中。同一个读者，在不同的人生阶段，可以不断地回到他的书，以不同的方式解读其中的画面，解码出不一样的风景，从简单的识别到充满诗意的隐喻。

但另一方面，全世界的人在他的作品中都领略到了相通的美与情感。如他所说："生而为人的根本，在哪里都是一样的。很多西方人告诉我，你对欧洲和美国的了解比我们更多。但是这个世界，无论你走到哪里，只要有路、有河，就必然有桥。在创作过程中，我一直在寻找能超越某种特定文化的原型。我寻找那些全世界的人都能理解的图像。"

人生苦短，我们得拿它开点玩笑

所有的孩子都画画，这是他们最自然的语言。只有当他们不再相信自己所画的东西是有生命的时候，他们才停止了画画。他们想要用技巧来代替天真的真相和个人化的表达，但你可能得花费整整一生，才能找回那种天真和随性的能力。

几只被拔光了毛的鸡在炖锅里悠闲地聊天。

"先生们，现在我们得做一个严肃的决定。"其中一只鸡说，"是清炖呢，还是红烧？"

"其实，我们的生活也差不多啊。"塞尔日·布洛克一边快速地给我翻看他手机里的漫画，一脸淡然地说。

"是吗？"我问。

"不是吗？"他停下来，反问。

摄影师：Eric Durand

1956年6月18日，塞尔日出生于法国科尔，曾就读于法国斯特拉斯堡高等装饰艺术学院，并在学院下辖克洛德·拉普恩特插图艺术工作室学习。毕业后致力于插画和儿童文学事业，曾为300多部书籍设计插图装帧，并与众多顶级出版物和国际公司合作。塞尔日的设计作品和儿童文学作品曾获得过十余个国际大奖和金牌荣誉。

很难用一句话说清楚塞尔日·布洛克是做什么的。

他画漫画。他在法国的《十字架报》上连着画了五年的漫画专栏《鸟类故事》，用他自己的说法，是"用好玩的方式说一些不好玩的事情"。

他的漫画有一点桑贝的风格,有点知识分子气,简单里藏着复杂,幽默里带着忧伤,俏皮中又不失优雅。

有一些笑话很直接。

我我我我我……("moi"在法语里是"我"的意思)

Part 2 　与当代著名童书作家对话

有些笑话得想想才能明白，但一旦想明白了，笑过之后，心情又不免有点复杂。

> TROP DE QUESTIONS RESTENT SANS RÉPONSES!..
> LA VIE A-T-ELLE UN SENS?
> SOMMES NOUS SEULS DANS L'UNIVERS?
> Y A-T-IL QUELQUE CHOSE APRÈS LA MORT?
> QUE MANGE-T-ON CE SOIR?

这个世界问题太多，答案太少。

生命有意义吗？我们独自活在宇宙里吗？死后还有什么？我们晚上吃什么？

还有一些笑话没什么意思，纯粹制造一种令人尴尬的对照。

他也给很多国际媒体和广告画插画,包括《纽约时报》、《华尔街日报》、《时代周刊》等。他一直给《纽约时报》的红酒专栏画插画——美国人以为法国人没有不懂红酒的。

他也画童书。他的《小超人闪闪》在法国家喻户晓,拍成过动画片,讲一个小超人满世界冒险的故事,闪闪的原型就是他的大儿子塞缪尔。

另外一本《我爱幼儿园》,讲的是小儿子里昂不肯上幼儿园的故事。

《小魔女祖卡》,关于一个麻烦惹到月球上去的小魔女的故事,是他臆想中的女儿的生活。

他的童书追随的是欧洲少年漫画的传统,是埃尔热的传统,小主人公勇敢无畏,充满正义感,故事情节紧凑,险情迭出,充满了神秘、冒险的乐趣。比如《小魔女祖卡》中,祖卡的奶奶那只可怜的小猪拉蒙无数次被绑架,要靠小魔女不靠谱的魔法来搭救。

插画家:Nicolas Hubesh

他的创作中有一种令人艳羡的自由与飞扬,就好像这个人的脑子从来不停止运转。一个人的大脑怎么可能这样永不止息地生产各种各样奇怪有趣的想法?

他说,他画画的速度很快,很多时候就像是手在思考,而不是脑子。"手的动作一做出来,思想就出来了。有时候思想会飘出去,但更多的时候,头脑和手是直接联系在一起的。对画画的人来说,这是非常重要的训练。"

他喜欢玩拼贴,尤其是把现实的物件与抽象的线条拼在一起,线条的轻盈与实物的体积之间构成一种奇妙的对比。

随手捡到的纸条、螺丝钉、手机、勺子、西兰花、鸡蛋,添上几笔看似简单随意的线条,戏剧性一下子就出来了。

Part 2　与当代著名童书作家对话

I was starting to get a headache,
so the librarian sent me to see the school nurse.
The nurse let me lie down.

She said she could see that school
wasn't really my cup of tea.

→
Butterflies in My Stomach
and Other School Hazards.
New York, Sterling Publishing
Company, 2008. © Serge Bloch.

愿你心中有一个广阔宇宙

他说，这是"线条和各种偶然的东西相遇"，是在图画中散步的方式，也是一种诗歌式的表达。

这些年，他周游世界，随手搜罗各种可能与他的线条一起玩耍的材料，但更重要的，还是人。和桑贝一样，他喜欢人，也喜欢观察人，大街上的，火车上的……他对人的表情和情绪极为敏感，而且记性极好。他喜欢在他的画中表达情绪，从欢笑到泪水，逗趣的尴尬，悲伤的幽默……

"无论做什么，我希望自己没有太严肃，人生苦短。"他说。

这个世界当然有很多不幸，现实有时候比虚构更疯狂，但当你用幽默的眼光看事情，就与那件事情之间拉开了一点距离。所以，他说，"逗人发笑，是一件严肃而高贵的事情"。

"对身体好。"他补充了一句。

最后，想介绍一本他的绘本《小线条大故事》，讲一个男孩和一根线条之间的相遇。

有一天，男孩在路上捡到一根线条，他把它带回家，随后抛到了脑后。

但线条并没有放弃，而是一点点进入男孩的生活，也一点点获得了自己的生命。它与孩子们一起长大，变成了最好的朋友。

线条变成了男孩的工具、语言。它变换成各种形状，转译各种情感，它让他看到世间各种色彩，它让他发笑，他们一起让别人发笑。

为什么要画一本关于画画的书呢？

他说，"从孩子的涂鸦，到最伟大的作品，从最轻快的，到最暴力的，从最沉静的，到最震惊的，线条无处不在。它既是通用的语言，也是最个人化的书写。它制造连接，跨越一切界限"。

很显然，这是他自己的故事。他的人生，就是从一根线条开始的。线条教会了他如何发现、创造、做梦，过一种充满趣味的生活。

"所有的孩子都画画，这是他们最自然的语言。只有当他们不再相信自己所画的东西是有生命的时候，他们才停止了画画。他们想要用技巧来代替天真的真相和个人化的表达，但你可能要花费整整一生才能找回那种天真和随性的能力。"

所以，画这本书，是为了把线条传递下去，给更多的人一种提起笔来画画的欲望，无论大人，还是孩子。"画画是一种古老的药。每天吃一点，至少能省下 20 多年的心理治疗费。"

布洛克为鼓励孩子画画设计的游戏

关于孩子的友谊

友谊，是人一生中最难得的美好事物之一，尤其在童年时期，那么多事情都不由你控制，父母、兄弟、姐妹，都是生来注定的，唯有朋友是自己选的，是你作为一个独立个体最初的有意义的选择。

有一次，我们跟一群小朋友出去露营。见一个小男孩在营地里独自游荡，问他怎么回事，原来是一个小女孩拒绝跟他玩。看着他委屈伤心的样子，我正想教教他怎么哄小女孩回心转意，结果他一边朝小女孩的帐篷走去，一边愤愤地对我说，"如果她再不跟我做朋友，我就买世界上她最喜欢的东西，然后偏偏不送给她"。

我不知道小家伙的威胁是否奏效了，但那天黄昏时分，等我再见到他的时候，他已经在和那个小女孩一起开开心心地玩过家家了。

谁喜欢谁，谁不喜欢谁了，谁要跟谁挨一起，谁不要和谁挨一起，谁是谁的好朋友……如果你跟几个小朋友相处一个上午，会怀疑自己是否活在一出节奏特别快的感情肥皂剧里。前一秒钟还你侬我侬，后一秒钟也许就翻脸决裂，有时候父母担心他们缺乏社交技巧，但仔细想想，这样的友谊其实很有成年人可羡慕之处。

是的，他们缺乏社交技巧，也没有精致的语言与仪式，他们的友谊中有更大的不确定性，但他们更容易原谅、遗忘、放手，也从不掩饰自己的悲伤、困惑、挫折与愚蠢，所以，比起我们成年人来，他们的友谊更简单，更纯粹，也更真实，而且永远有一个大团圆结局——一天的分分合合下来，到真分别时总是难舍难分。

友谊，是人一生中最难得的美好事物之一，尤其在童年时期，那么多事情都不由你控制，父母、兄弟、姐妹，都是生来注定的，唯有朋友是自己选的，是你作为一个独立个体最初的有意义的选择。如何让孩子理解这一选择的意义，是很多童书的主题。

"形状"三部曲，是英国童书作家麦克·巴内特和加拿大插画家乔恩·克拉森的作品。这两位作者都非常擅长讲述那种入口极小、想象空间却极大的故事，就像"帽子"系列，一只熊丢了一顶帽子，一条小鱼偷了一顶帽子，两只乌龟捡到一顶帽子，衍生出来的却是一个道德的宇宙。

"形状"系列也一样。他们用三个最基本的形状，讲了三个关于友谊的故事。这三个形状个性鲜明：三角形狡黠、淘气，不守规则；正方形老实、焦虑，对秩序和结构有执念；圆形聪明、勇敢，应该是属于那种万人迷的小姑娘。

在第一个故事里，三角形一大早起来想要捉弄正方形，阴差阳错，最终捉弄了自己。

Part 2　与当代著名童书作家对话

正方形最怕蛇了。
"天啊!"他叫了一声,
"走开,你这条蛇!离我的门远一点!"

"嘶!嘶!"三角形继续,"嘶!嘶!嘶!"
"噢,糟了,糟了,糟了!
外面到底有多少条蛇?十条?还是十万条?
通通都走开!"

　　在第二个故事里,圆形将正方形西西弗斯式的怪癖误解为艺术,并请他为自己创作。同样阴差阳错地,正方形为圆形"创作"了一个完美的形象。

这实在太美了,
美得叫人不敢相信。
"真是太完美了。"圆形说。

"是吗?"正方形说。
"是啊。"

在第三个故事里，三个形状玩捉迷藏，圆形定了一个规则要大家遵守，三角形却不听，到后来圆形不得不去救他……

穿过瀑布，回到了外面。

如果你只把它们当成几个傻里傻气的小故事，它们当然也就是几个傻里傻气的小故事。但如果仔细思考一下，这几个故事里有关于友谊很有趣的面向。

比如《三角形》，与爱情不同，友谊没有一个定情时刻，类似海誓山盟或者一吻定情之类的东西。更多的时候，友谊是一切尽在不言中。对孩子来说更是如此，正因为他们的友谊里永远有一种不确定性，所以他们一次次地用他们的方式来确证这段感情，包括各种古怪的借口。那天早上，三角形醒来，千辛万苦跑去捉弄正方形就是如此——捉弄是借口，想念才是真的。

全是些叫不出名字的形状。

同样,正方形不想被朋友发现自己不是"天才",固然有虚荣,有焦虑,有不安全感,但更多的是不想让朋友失望。

正方形睡着了。

圆形说"为什么你这个朋友这么差劲?"真正的潜台词是,"为什么你每次都让人担心?"

不过,与其说这个故事是关于原谅,不如说是关于想象。瀑布后面那个黑暗的洞穴里,到底谁站在那里?茫茫人海里,一个人与另一个人的相遇,难道不就是这样充满了神秘意味吗?

"谢谢!"三角形站在她的身后说。
"你是三角形?"圆形转过身问。
"对呀,我真高兴看到你和正方形!"

"正方形在外面,这个不是正方形。
我以为是你!"圆形说。
"不是啊,"三角形说,"不是我。"
"糟了。"圆形说。
"噢。"三角形说。

我喜欢这套书的地方还在于,虽然主角都是再简单不过的形状,但却演绎出了一种地老天荒的感觉。克拉森用了一种超现实主义的画风,简单抽象的形状,水墨色彩的层层晕染,给人一种天地玄黄、宇宙洪荒的寂静感,好像是在千百万年前,生命出现之前的时间;又像是千百万年后,人类文明彻底损毁之后的世界。

每一个故事都以一个问题结束,留下了很多想象、对话和讨论的空间。比如什么是友谊？捉弄也可以是友谊吗？什么是完美？如何发现美？艺术是什么？天才是什么？动机与创造之间是一种什么关系？什么是恐惧？什么可以克服恐惧？你可以想象，形状的故事可以无限地讲述下去。

麦克·巴内特和乔恩·克拉森曾经说过，"形状"三部曲是向"青蛙和蟾蜍"系列致敬的作品。他们俩都是"青蛙和蟾蜍"的粉丝。他们认为这套书不逊于任何英语经典，展现了友谊的各种面向。每个故事都换一种方法，告诉你一些关于他们友谊的新内涵。

事实上,"青蛙和蟾蜍"系列也是我读过的关于友谊最美好的一套童书。青蛙和蟾蜍个性迥异,一个温文尔雅、淡定从容,一个憨傻天真、火暴脾气。他们有所有孩子每天都要共同面对的问题:融化太快的冰激凌,丢失的纽扣,失败的意志力,忙碌的小日子里无数的焦虑、烦恼和孤独。

但因为彼此的存在,生活中一切事物仿佛都变得好玩了一点,一切烦恼都变得可以容忍。在青蛙的宽容中,蟾蜍的弱点也变得可爱,包括他的懒和蠢,自恋与固执。在蟾蜍的真性情里,青蛙的稳重显得轻灵、有趣,而不是老气横秋。

作者洛贝尔曾说,青蛙和蟾蜍是他自己人格的两面。青蛙代表的是明智、实际的一面,蟾蜍代表的是情绪化、不理性的一面。其实,最好的友谊何尝不是如此,这个人对你如此重要,就好像是你的另一部分自我。

当然,青蛙和蟾蜍也都有出人意料的一面。比如青蛙是一个讲恐怖故事的高手,他给蟾蜍讲了一个关于"老黑蛙"的恐怖故事,读到最后你仍然不知道是真是假。

蟾蜍竟然有身材焦虑，不想让人看到自己穿泳衣的滑稽样子，但最后还是在众人的嘲笑中若无其事地走了过去。

我印象尤其深刻的是"惊喜"那个故事,在一个大风天,青蛙和蟾蜍不约而同地想要给对方一个惊喜,悄悄跑到对方的院子里把落叶打扫干净。但当他们打扫完回家后,一阵大风又将一切吹回原样。

这个故事到底要告诉我们什么呢？是对一个人好不需要对方知道？还是说，那些我们最爱的人，永远不知道我们到底有多爱他？

"青蛙和蟾蜍"系列里的最后一个故事是"单独一人"，青蛙决定自己独自待一会儿，蟾蜍焦虑得不行，以为青蛙不要自己这个朋友了。青蛙的解释是，孤独也是一件美好的事情，他只是想静一静，想一想人生是多么美好。

作者洛贝尔在一次采访中说，他在这个故事中觉察到一种危险的气息，友谊中残酷的一面，"青蛙是控制的一方，而蟾蜍是被控制的一方"。于是"青蛙和蟾蜍"系列就此戛然而止。

几乎所有孩子都想要换掉爸爸妈妈吗？

旁帝：我一直都努力在陪伴孩子成长的过程中感受快乐的一面。我时常谈到孩子们的困难，但我想借此传达的是，我们都能走向幸福，不需要害怕自己的命运。

有时候，我和虫虫吵架，他会怒气冲冲地说："你再这样，我就去别人家做小孩了。"

我没好气地回他一句："去吧。"

然后，他又大哭："我不要……"

然后，我们又互相道歉，互相拥抱，表白爱意，如此循环。

罗尔德·达尔说，父母和孩子之间的关系，是占领与被占领的关系。但到底谁占领谁，真的很难说。就不能换个爸爸妈妈吗？恐怕所有的小朋友都曾经有过这样的念头吧。恐怕，大部分的父母，也都曾在咬牙切齿之余，脑海里闪过一个类似的邪恶念头。

《卖爸爸卖妈妈的商店》是一本真正的商品订购目录，列了35种不同类型的父母，从冒险家型到胆小鬼型，从幸福快乐型到哭哭啼啼型,从重磅型到软塌塌型,按照作者旁蒂的说法,"已经涵盖了法国乃至整个欧洲所有父母的经典类型"。如果生意做到中国,应该可以扩充出更多的奇葩产品吧。

除了几款最畅销的"别人家的爸爸妈妈",比如冒险家型、幸福型、参天大树型,店里卖的大部分爸爸妈妈都像是哈哈镜,镜子里映照出来的是现实世界里为人父母者各种滑稽的面孔和姿态,我们的荒唐、我们的自以为是和我们的神经质。(我想,愿意给孩子读这本书的父母,都应该自我表扬一下,为了我们的一点自省和幽默精神。)

比如巨人型,"他们的爱很真实,可是看不见"。

或者"大坏蛋型",你会怀疑,有时候我们在孩子眼里,是否也是这样一副凶神恶煞的样子,长满了刺,拿着大棒,让人疲倦?

或者像两只大章鱼,太过强烈的占有欲,抱得孩子透不过气来?

我们是不是也都有点像刺猬型爸爸妈妈,外面长刺,里面柔软,常常为了里面的安全,而忘记了外面需要缓和?

或者沉重得像铅块一样,"几乎不可能让他们改变主意"。

或者黏糊糊的,做不了任何决定,就像书里的软塌塌型父母。

爸爸妈妈商店还专门为孤儿提供专属"爸爸妈妈":一片风景。"所有收到这片风景的孩子都可以在难过、痛苦或者后悔的时候在里面散步。"

"只要进入这片风景,孩子就成了这片风景的主人。天空的颜色是他们的颜色，风的力量是他们的力量，山的高度是他们的高度。这片风景与他们合为一体。"

这家商店真的会收到孩子们的邮购单吗？

"当然！几乎所有孩子都想要换掉父母……但不是永远换掉！"在给我的采访回复中，旁帝说，"其实，孩子们索求得并不多，无非是有一点点冒险精神、能保护他们、和蔼的父母！"

读法国绘本作家克劳德·旁帝的童书，常常有这样一种很奇妙的体验。他的故事里处处透着怪诞,但怪诞的内核里,有天真,有淘气,有飞扬的喜悦,有深深的忧伤,有一个内心柔软的成年人对于天下所有孩子的爱和善意。

在他的故事里,有无比巨大、无比华丽的生日蛋糕城堡,包括"6个不大不小的方形宴会厅;12个小宴会厅,有方形的,也有圆形的;30个用热带水果做成的冰激凌走廊;60个用夹心软糖做成的楼梯;60个用圆形糖果做成的滑梯;2327个用香草和杏仁奶油慕斯蛋糕做成的坐垫"。(《小鸡布莱兹和蛋糕城堡》)

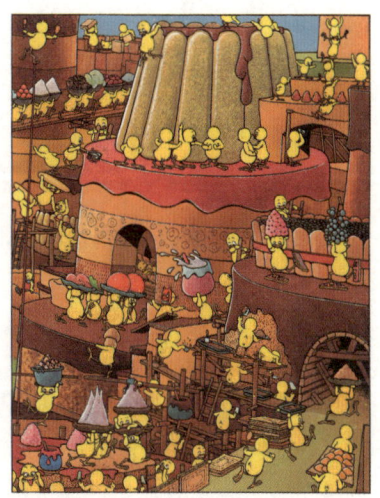

在他的故事里，有由无数忧伤的眼泪建造而成的房子，这些眼泪那么重，"要是掉在谁的身上，那个人就会进入冰冷的睡眠，没有爱也没有梦地睡上整整两千年"。（《大滴大滴的眼泪》）

在他的故事里，当一个可怜的妈妈陷入绝境时，会有"天下所有妈妈的妈妈"来救她。

有报道说，旁帝的创作受到《爱丽丝漫游奇境》很大的影响。我读他的书，确实觉得处处都有梦的特质，光怪陆离。难道在他看来，童年的本质，就是一场古怪的梦吗？

他说，"我喜欢梦的幻想，因为这是反映现实的另一种方式。让我着迷的并不是梦的怪诞，而是这种看待事物的独特方式。孩子们会用自己特有的方式观察这个世界，如果我在书中用同样的方式和他们交流，就能传达更多的东西"。

旁帝的第一本书《小淘气阿黛拉》是为他刚出生的女儿画的。他的女儿就叫阿黛拉。那一年，他37岁。他说，阿黛拉的到来，令他的世界天翻地覆，"我是一个悲观主义者，过去的人生里，我一直在画痛苦和形而上的焦虑。经过长时间的反思，我决定生个孩子，这样我就不能再把时间花在喋喋不休地抱怨这个世界的黑暗上，而不得不采取行动把它变得更好"。

《小淘气阿黛拉》是一本无字书，没有情节，没有逻辑，角色进进出出，毫无交代，一切事件随意发生，又无疾而终。对着这样一本书，成年人会很困惑，到底在说什么呢？

旁帝说，成年人在他的书中体验到的荒诞感，来自他们对于这个世界固化的经验和印象。但孩子不一样，"他们一直在学习，学习一切，学习怎样塑造自己、怎样和别人相处。他们在同一时间学习，认识这个他们必须生活于其中的世界。对他们来说，一切都是新的，尤其是他们要说的语言。成年人在学习和适应世界的过程中会忘记孩子们使用的字词。比如苹果可以叫作苹果，但也可以叫作'布鲁布鲁'，这两种名称都不会让小孩子感到惊讶，但是成年人会觉得把苹果叫作'布鲁布鲁'真是太荒谬了"。

这本书的很多东西，是他在阿黛拉还没出生的时候画的，是他作为一个父亲第一次向她介绍这个她即将来到的世界。"我想为她做一本书。一本大书，像一座房子一样的大书，她可以进进出出、游玩嬉戏、变大变小、把眼睛当作剪刀，把书上的图画——'剪'下，再重新组合，用梦想的水滴把它们再粘贴上。这本书将是她的宇宙，可以任由她追随她的感觉,从各个方向任意出入穿行的宇宙。这本书也是她人生的第一本书,是书中之书,使她能够把握和亲近这个世界。"

他之后所有的故事里,几乎都保留了这种拼贴、游戏和穿越的特质。孩子们可以从一个词跳跃到另一个词,从一个画面跳跃到另一个画面,从一本书跳跃到另一本书,甚至从一个宇宙跳跃到另一个宇宙,仿佛阅读中有无数平行交错的时空,随时可以彼此联结,就像在《小鸡布莱兹和蛋糕城堡》里,所有童话世界里的人物都受邀参加一场盛大的生日派对。

小鸡,几乎会在他的每一本书中出现。他一辈子画过多少只小鸡?几千只?几万只?几百万只?而且,真的每一只都不一样。

"我选择小鸡作为图书的主角,是因为它们和孩子一样,总是成群待在一起。每当看到托儿所和幼儿园里的小朋友,我就会想到一群叽喳乱跑的可爱小鸡。小鸡戴上面具以后,就没人能知道是它在恶作剧或者办坏事儿了。不论哪只小鸡,都能够戴上面具,成为面具小鸡。"

在《大耳朵和半个故事》里,一个没讲完的故事导致天下大乱,世界各地童话王国里的人都被困在一座名叫"忘记"的山上,包括希腊神话里的米诺斯迷宫和牛头怪、格林童话中的七个小矮人、《仲夏夜之梦》中的树精戈白林、中国《聊斋》里的狐狸精、玛雅的勇士、莫卧儿的大神、非洲木雕小人,金刚力士,甚至摩尔人的城堡和俄罗斯民间故事中的鸡腿屋……

"有阅历的成年人就会知道，如果没有过去，也就不会有未来。比如说知识、感悟，还有从历史当中吸取的经验。我们必须知道到底是什么经过一代又一代的传承，塑造出了今天的我们。"

这堆人来自世界各地的童话王国。他们被困在恶魔的另一边，一座名叫"忘记"的山上。

从桥上过去的人越多，两座山的距离就越近。

旁帝告诉我，自从为女儿画了第一本童书之后，他就发现，成为一名儿童文学作者是他真正想要做的事。"我陪着女儿长到九岁、十岁以后，不知道该怎么继续创作下去了，我在青年文学方面可没什么天赋！所以我选择回到更小的孩子身边。我一直都努力在陪伴孩子成长的过程中感受快乐的一面。我时常谈到孩子们的困难，但我想借此传达的是，我们都能走向幸福，不需要害怕自己的命运。"

几乎所有孩子都想要换掉爸爸妈妈吗？是的，但不是永远换掉。当新的爸爸妈妈运来之后，他们旧的爸爸妈妈会住进舒适奢华的爸爸妈妈商店和别墅酒店。（参见《卖爸爸卖妈妈的商店》）

几乎所有妈妈都会在日复一日照顾孩子的无尽需求中迷失自己,陷入绝境吗?是的,但会有天下所有妈妈的妈妈来救她。(《贝托妮和她的一百二十个宝宝》)

一个小女孩为什么会有这么多的眼泪和忧伤?几乎所有的孩子心里都怀着巨大的悲伤吗?(《大滴大滴的眼泪》)

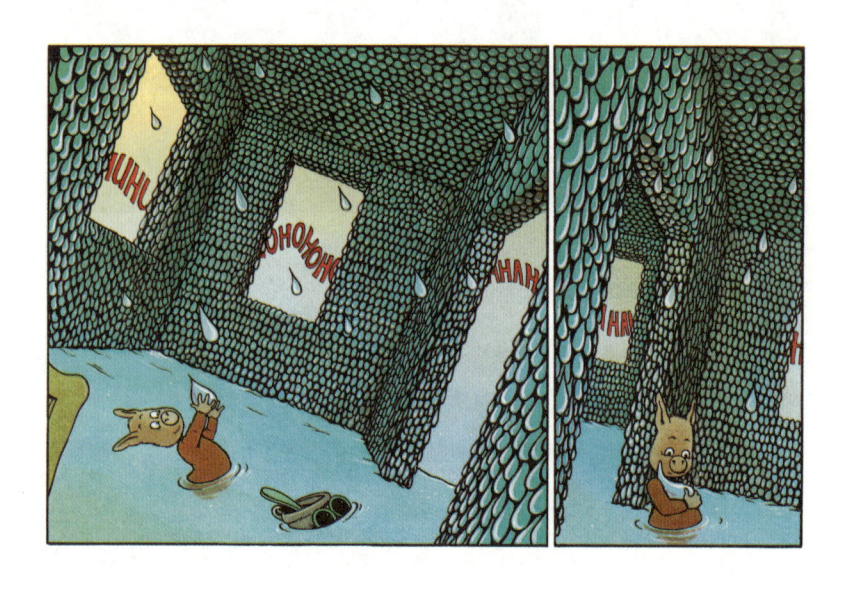

"我并不认为所有的孩子都怀着巨大的悲伤,但有些孩子可能心中藏有伤悲,而且每个人或多或少都有过悲伤的经历。我想告诉这些孩子,悲伤是有用的,有时甚至是有好处的,比如说可以把悲

伤当作避难所。"旁帝说。

是的，在那座用眼泪建造的伤心房里，那个叫麦罗罗的小男孩找到了一滴最蓝、最温柔也最深邃的眼泪，并借着这些眼泪找回了爸爸妈妈，用眼泪灌溉鱼鳞，种出了一幢大房子，从此过上了幸福的生活。

《我的山谷》是我非常喜欢的一本书，旁帝在书中创造了一个山谷中的小人国，那里的山川草木、万物生灵都有着纯净而神奇的魔法。但在故事的最后，小主人公噗噜噗呲说，"总有一天，我要走出去看看"。我问旁帝，他真的有一天会离开山谷吗？

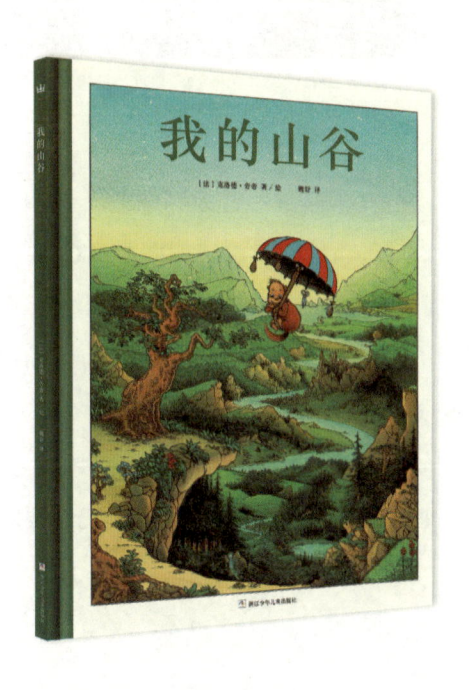

有时候，我会爬上瞭望台。　　我会坐在最边上的那块石头上看海。

　　"我希望孩子们在成长的过程中能够对自己抱有满满的自信，尽情发挥自己的想象力和才智。我不知道噗噜噗呲是否会离开山谷，但我希望所有读了这本书的孩子，在需要离开自己的山谷时不要害怕，能够自愿地选择留下还是离开。"

　　听着旁帝的故事长大的阿黛尔，现在 32 岁了，"像我们所有人一样，生活有苦也有乐。我很高兴她长成了自己想要的样子"。

奥利弗·杰夫斯的双重目光

我们如何定义事物，取决于我们选择如何观察它们。我们生命中经历的每一个地点，每一个瞬间，都有我们并不完全理解的力量在起作用。

与一位量子物理学家的相遇，是奥利弗·杰夫斯创作生涯中极富有戏剧性的一个事件。

那时候，他正在画一组题为《理解一切》的画。他一直对两种相互对立的理解世界的方式感兴趣——本能、情感的理解，与理性、逻辑的理解。所以，在那组画里，冰冷的方程式与画笔之下鲜活的物像之间构成了强烈的对比。

你会看到卫星笔直地坠落于地球，而蓝色的天空中写着重力的方程式。或者一杯橙汁放在雪白的桌布上，迷人的晨光里写着一个关于光线的方程式。

他是从一本旧的百科全书里找到的这个方程式，并不知道是什么意思。但一位量子物理学家买下了这幅画，并告诉他，"你画了一幅贝尔不等式"。

之后的一年,他们每周见一次,一起聊艺术、科学、哲学,以及三者如何互相关联。这种会面整整持续了一年。从此以后,他的很多作品都是在回应量子力学对世界提出的各种疑问,关于世界的各种不确定性,包括物理、哲学、数学和心理。

比如他曾经画下一组人物肖像,画中人都曾经历过所爱之人的死亡,然后又邀请他们看自己的肖像被一点点蘸没在色彩极为强烈的颜料桶里。

他说,这是关于人类记忆的不确定性。我们每个人所知道的一切,其实都来自那些被作为真相一再叙述的故事。这些故事最终变成了历史。

"我们如何定义事物,取决于我们选择如何观察它们。我们生命中经历的每一个地点,每一个瞬间,都有我们并不完全理解的力量在起作用。"

奥利弗·杰夫斯出生于澳大利亚,在北爱尔兰的首府贝尔法斯特长大。贝尔法斯特是一座分裂的城市,从宗教、政治到文化,都充斥着各种分裂的因子。有很多的暴力,但也有很多的快乐。人们承受了很多的苦难,但也发展出了世界上独一无二的黑色幽默——没有什么是神圣的,一切都是可以嘲笑的。

我想,在当代的图画书作家中,像奥利弗·杰夫斯这样的人物越来越多,真是这一代小孩子的福气。

他将对世界强烈的好奇心、对于"观看决定本质"的哲学思考，以及北爱尔兰人的幽默感熔为一炉，为孩子们创作了许多妙不可言的图画书，比如《这只驼鹿是我的》。

一个男孩相信自己拥有一头驼鹿。但他发现，驼鹿并不怎么理解"被拥有"的概念，因此也并不怎么遵守他制定的关于"如何当一个好宠物"的规则。

当然，有时候，它又是一只非常优秀的宠物。

有一天，男孩正在和驼鹿讨论来年的计划，突然发现还有别人自称是这只驼鹿的主人。

男孩陷入了狂怒，但最终，他与驼鹿达成了和解——驼鹿会遵守所有的规则，当然，是在它乐意的时候。

所以，到底什么是"拥有"呢？

奥利弗·杰夫斯一直是极简主义大师。从语言到图像，无不简洁到极致。从他的第一本童书《怎样摘星星》开始，他的主角就一直是一个小男孩，大脑袋、细胳膊、小细腿，眼睛小得像针孔，几乎要消失不见，让人想起布鲁纳笔下的兔子米菲，两个点、一个叉就是一双眼睛和一个嘴巴，表达了所有微妙的情绪变化。

《怎样摘星星》

Part 2　与当代著名童书作家对话

有个男孩，　　　在家门口发现了一只企鹅。

《迷路的小企鹅》

《从月亮上回家》

奥利弗·杰夫斯说他的目标是一种"玩具式的简单",但如此简单的线条背后,隐藏的却常常是一个复杂的概念、一种深刻的思考,或者极为强大的情感。

《瓶子里的心》是一则极为温柔的关于爱与失去的寓言。

《大熊的纸飞机》是一则森林犯罪现场调查,罪犯的行为却一直暴露在读者的眼皮底下。

他的《once upon an alphabet》是我读过的最神奇、最疯狂的字母书，每一个字母都是一首不可思议的狂想曲。比如 C 是一个杯子（cup）。

　　Cup lived in the cupboard. It was dark and cold in there when the door was closed.

　　He dreamed of living over by the window where he'd have a clear view.

　　One afternoon, he decided to go for it.

　　Unfortunately, he forgot that the counter was a long way down and made of concrete.

摔得粉身碎骨的杯子又在 O（OWL & octopus）那里出现了，一只猫头鹰和一只章鱼在解方程式，修理破碎的杯子。

《小蜡笔大罢工》是他最畅销的童书。小男孩打开蜡笔盒，看到各种蜡笔写来的抗议信件。红色蜡笔抱怨工作太多；紫色蜡笔有洁癖，不愿意被画到线条外面去；白色蜡笔觉得自己没有存在感；黄色蜡笔和橙色蜡笔在为到底谁是太阳的颜色而打架……

有人以为，对他而言，童书是面包，而绘画才是理想。但是，他说不。绘画与童书是同一种激情的两种形式。童书给了他的绘画必不可少的轻灵，而绘画给了他的童书恰到好处的重量。

霍金先生，如果我掉进黑洞会怎么样？

掉入黑洞这种事情，我希望它永远不会发生在你身上。但万一真的发生了，不要绝望。要相信故事的力量。也许，你会找到一个出口。

霍金说："为孩子写作对我来说很重要。孩子总是在提问，事情如何发生，以及为什么。大人经常告诉他们，这些都是愚蠢的问题。但常常是大人愚蠢，以及不愿意承认自己的愚蠢。孩子对这个世界保持好奇，并不断提问，这很重要。我也曾经是孩子，并且好奇至今。孩子问我关于黑洞的问题，我发现只要解释的语言足够简单，他们就能理解这些概念。我愿意想象他们长大以后，能够拿起《时间简史》，认真地读一读。"

霍金还说："我相信，每个人都可以，也应该对于宇宙的运作以及我们在宇宙中的位置，有一个大的图景。"

为此，他不仅写了《时间简史》和《果壳中的宇宙》，这两本书当然家喻户晓，不为人知的是，他还写了五本儿童太空冒险小说。

这五本小说，是他与女儿露西·霍金一起写的。

据露西回忆，这套童书的源起，是在她的儿子威廉七岁的生日派对上。一个小朋友问霍金，"霍金先生，如果我掉入黑洞会怎么样？那会是什么感觉？"

霍金回答说："你恐怕会被撕成意面。"

一小一老，一问一答，不仅问得妙，答得也趣味盎然。

作为一位作家，露西由此看到父女共同创作一个故事的可能性，一个类似哈利·波特的宇宙冒险故事，只不过不是关于魔法，而是关于科学。唯一的魔法在于，故事里有一个超级计算机Cosmos，能在宇宙中打开一个门户，送主人公去到宇宙任何一个地方。

另一位著名的英国科普作家理查德·道金斯曾经多次强调，科学对现实的诠释中所蕴含的魔法，绝不亚于神话、寓言和童话。神话能持久，因为它们是伟大的故事。科学的叙事永远是未完成的，不断地被修正，极少有干净的结尾或者感人的道德抚慰，但它们可以像《荷马史诗》一样神奇，也可以像吉卜林[1]一样有趣。比如关于人类的起源，有什么故事比进化论更神奇？"你想，我们本是围绕着太阳旋转的微尘的碎片，在40亿年的时光里，又逐渐从细菌变成了今天的样子，这是一个多么引人入胜的故事？"

在这套童书中，主人公乔治在一次机缘巧合中认识了科学家

---

[1] 英国作家，诺贝尔文学奖得主，曾创作许多儿童文学作品，如《丛林之书》。

埃里克与他的女儿安妮，并在 Cosmos 的帮助下，进行太空旅行。他们的第一次旅行，就是搭乘一颗彗星去了土星，并亲身经历了一场小行星风暴。

对孩子来说，恐怕没有一种奇幻世界的冒险比真正的太空旅行更激动人心，就像我们很难从哪一则神话里找到比彗星更神奇的座驾——"彗星的后面拖着一条冰和尘埃的尾巴，它不断地在拉长。随着尾巴变长，它从遥远的太阳那里捕获光。闪亮的彗尾跟随着彗星，看起来犹如成千上万颗钻石在太空闪耀"。

在这趟旅行中，作为太空菜鸟的乔治不仅见证了太阳系的种种奇景，从安妮口中了解了各种太空知识，更重要的是，亲身体验了太空中万物运动的方式，以及在背后推动这种运动的不可思议的引力。

在一次与女儿共同接受的采访中，霍金提到在这套童书三部曲中，他希望处理的三个问题："黑洞里发生了什么？""除了人类之外，宇宙中还有别的智能生命吗？"以及"宇宙大爆炸的时候发生了什么？"

这三个问题关系到霍金毕生研究的核心。按照这套书第三位作者，也就是霍金的博士生克里斯托弗·加尔法德的说法："创作三部曲的初衷是为人们呈现自'大爆炸'以来一个现代版的宇宙理论……所有我们在宇宙中观察到的都与书中发生的故事相吻合。"

但是，就算成年人读《时间简史》，都很费劲，如此复杂的理论物理学概念，包括时间、空间、黑洞、霍金辐射、宇宙大爆炸，甚至量子力学……即使包装在一个太空冒险的故事里，有可能传递给孩子吗？

为孩子写科普，最大的挑战是如何化繁为简。而在露西·霍金看来，她的父亲有一种以简单语言表述复杂概念的天赋。而且，他能在复杂的概念与个人的日常体验之间建立关联。比如有一次，她正在苦恼怎么向孩子解释牛顿的万有引力，霍金在旁边插嘴说，"当牛顿看见苹果落下时，他意识到，这与维持月球围绕地球轨道旋转的力是一样的"。

在《乔治的宇宙1：秘密钥匙》中，宇宙学家埃里克因为一场阴谋被黑洞吞噬，但他为乔治和安妮留下了几页纸，上面记载了他的黑洞理论的简易版（还画了一些涂鸦帮助他们理解），包括什么是黑洞、黑洞是如何产生的、你如何看到黑洞，以及如何逃离黑洞。

不知道是否受到这个故事的启发，霍金后来修改了他关于黑洞的理论，并在多次演讲中谈起"如何逃离黑洞"。经典理论认为没有任何物质能从黑洞中逃逸，但是量子理论却证明能量和信息是可以从黑洞中逃离的。他甚至大胆假设，"即便人掉进黑洞，同样也不会凭空消失，而是有可能逃离出来的，只不过这个黑洞必须足够大才行。由于黑洞会不断旋转，你很可能会进入到另一个平行宇宙"。

事实上，早在几年前，他就已经在一个写给孩子的故事里把大活人埃里克弄进了黑洞，又让他从黑洞中逃出生天——伟大的

Cosmos 将时光倒流几十亿年,从黑洞中逃逸出来的所有粒子中过滤出埃里克的信息,并重构了一个埃里克。

露西·霍金说,一开始,霍金只是作为科学顾问参与这本书的写作,他不认为小孩子能理解他的理论。但后来,他的兴趣越来越浓,到第三部《乔治的宇宙大爆炸》时还参与了部分情节的设置,比如他提出将故事的背景设置在欧洲粒子研究中心,一个神秘组织试图炸掉大型粒子对撞机,以阻止科学家发现宇宙的秘密。

这样的写作也变成了父女之间修复感情的一种方式——在露西十八岁的时候,《时间简史》带来的名气与财富破坏了她的家庭的平衡,也导致了父女关系相当长时间的紧张和困难。

在一次演讲中,露西曾经提到她的父母给她起名"露西",是"光"的意思。之所以起这个名字,大概与她出生后不久,霍金有了一次灵感迸发,开始从事黑洞的研究有关。作为物理学家的女儿,这是一个很好的名字。但她的人生绝非阳光灿烂,甚至用另一种形式的"黑洞"来形容也不为过。她的父亲是一个渐冻症患者,而她的儿子是一个孤独症患者。她经历过一段短暂的、后来几乎闭口不谈的婚姻,也曾经因为药物与酒精成瘾问题入院疗养。

她没有继承父亲的数学天才,但继承了母亲在写作上的才华。她写过两本并不怎么成功的小说,后来终于在儿童科学写作与教育中找到了自己的天命。除了写作,她还在世界各地为孩子做有关空间旅行和科学的普及讲演,包括在美国国家航空航天局做 50 周年纪念演讲。她曾经在多次采访中提到,为父亲读书中的这些故事时,他笑得几乎要从轮椅上掉下来。"我想,父亲从未期待过与他的孩子有专业上合作的可能,所以从中得到了许多快乐。"

乔治和安妮在太空冒险之旅中,曾经无数次从太空的不同位置回望地球,比如从火星上看,地球只是天空中的一个小亮点;从土星奇怪的冰封卫星土卫六上看,地球被遮蔽在厚厚的气体云中;当他们到达巨蟹座 55 太阳系时,已经完全看不到地球了,即使透过望远镜,他们也只能从太阳,即我们太阳系中心的恒星发来的光线非常微小的颜色变化中隐约看到地球的位置。只有一次在月球上,他们得以近距离地看地球——在黑色天空的背景下,地球就像一颗点缀着白色云雾的蓝绿色珠宝。

我想,对孩子来说,这些都会是故事中最迷人的部分之一,而且因为霍金的缘故,你不必担心它在科学上的准确性。但作为一个成年读者,我从这些语言中多少读到了某种成年人才能体会的乡愁和伤感,甚至某种奇特的隐喻的味道。我忍不住怀疑,这样一本小小的童书,大概也是一个女儿对于父亲的一种况味复杂的回望,通过这种方式,她终于得以进入父亲的世界。

乔治的故事从一只失踪的宠物猪开始。据说是这只猪最初说服了霍金与女儿的合作。霍金的祖父母是农夫,以养猪为生,所以霍金一直对猪抱有一种诡异的喜爱之情。

在《乔治的宇宙 2:寻宝记》中有一场"你最喜爱的太空物体"

主题化装舞会，人们打扮成各种奇奇怪怪的东西来参加舞会，包括"红移"。据露西回忆，这源自有一年霍金本人举办的新年派对，他打扮得像一个穿绿色西装的外星人，还给自己的语音合成器编了一段搞笑的声音——"带我见你们的领袖"。

这些关于父亲的小小的回忆，穿插在故事中许多不经意的瞬间，就像她父亲的理论中那些从黑洞逃离的粒子。她在一次演讲中说，"掉入黑洞这种事情，我希望它永远不会发生在你身上。但万一真的发生了，不要绝望。要相信故事的力量。也许，你会找到一个出口"。

除了霍金，露西还邀请了当世最好的几位物理学家，包括马丁·里斯、基普·索恩、保罗·戴维斯等人为孩子撰写几篇科普文章，也收录在这几本书中。我尤其被戴维斯的《数学在理解宇宙中多么惊人的有用》打动，一篇短短的文章，以无与伦比的简洁与深刻，追溯了人类利用数学解释宇宙的历程，是我读过的最美妙的科普文章之一。

你好，灯塔

要对孩子理解复杂情感的能力抱以最大的尊重。他们也许没有词汇和语言来表达自己的感受，但并不代表他们感受不到那些情感，或者无法理解其中的意义。

《小熊维尼》的最后一章，克里斯托弗要离开百亩森林了，他隐隐觉得他的世界要发生变化，也许未必会变得更好。

然后，他和维尼之间有一段令人酸楚的对话——

"维尼？"

"是的，克里斯托弗。"

"我不会再做没用的事情了。"（I'm not going to do nothing any more.）

"永远都不做了吗？"

"不做那么多了，他们不让。"

维尼的脑子并不真正理解这句话的意思。他不知道克里斯托弗是在跟他分别。他也不知道，这种分别意味着他的死亡，毕竟，他只活在克里斯托弗的想象里。

那一刻，我同样感到一种酸楚，我的孩子也渐渐长大了，一部分的他也在消失，或者说，只能永远地留在过去，那何尝不是另一种形式的"死亡"？

疫情期间，我一直在想一个问题，怎么让孩子理解"变化"这件事情？按照心理学的理论，一个孩子体验时间的方式与成年人不一样。对成年人来说，时间像一支箭，始终指向一个方向，而孩子们的时间却像一个圆圈，既没有来处，也没有目标，所以，他们的时间过得更慢，对于世界的体验也比我们更新奇、更丰富。但是，总有一天，那个时间之环会崩开裂口，他们会意识到岁月流逝的方向无可更改。突如其来也好，不知不觉也好，他们的生活会发生一些根本性的变化，比如搬家、上学、失去祖父母，甚至爆发全球性疫情这样的事情……

这些变故，既非他们所愿，也非他们所能理解。这种时候，我们要如何解释，如何安慰，如何让他们明白，这个世界有不幸、有疾苦、有黑暗——有时候，不好的事情会发生；有时候，失去了再也无法复得；有时候，你必须先让一个故事结束，才能让另一个故事开始。

不止一个绘本作家告诉过我，要对孩子理解复杂情感的能力抱最大的尊重。他们也许没有词汇和语言来表达自己的感受，但并不代表他们感受不到那些情感，或者无法理解其中的意义。

2019年，《你好灯塔》的作者苏菲·布莱科尔来北京，我有了一次采访的机会。我们聊到她创作这本书的动机，她说这本书是她在自己人生的旋涡中画的，最近几年美国的政治气氛很糟糕，感觉这个世界上有很多不好的事情正在发生，很多的战争、冲突、分裂、分歧，所以，躲在画室里，一笔一笔地勾画海浪的形状和颜色，给了她莫大的安慰。

她独自在灯塔里住了五天，观察不同的时间、不同的天气下，大海看起来是多么的不一样。从小在海边长大的她，喜欢以各种方式描画大海，雨中的大海，雾中的大海，阳光下的大海，冰封中的大海……

形状、颜色、光线，每一朵海浪，在每一个时刻都不一样。从微微涟漪，到滔天巨浪；从靛蓝、灰蓝、草绿、墨绿、雪白、玄青，到晚霞掩映的褚红色……

但灯塔总是一样的，白色的塔身，红色的塔顶，青冷的垒石堆，以及从房间映照出的明黄的灯光。每翻开一页，你都能看到灯塔总是高高伫立在左侧页同样的位置，而右侧页是风霜雨雪，不断变化的环境。变与不变之间，是茫茫大海中央的一点人间烟火，其中甚至不乏戏剧性的小高潮，比如一场营救、一次婚姻、一场疾病、一次出生、一头鲸鱼的造访。住在灯塔里的人，跟我们一样，要经历生与死、悲与喜、爱与失落。

在这本书里，你会发现很多的圆形构图。灯塔内部是圆的，房间也是圆的，而且，这些圆形在不断地扩大。守塔人初到，独自生活时，圆形很小；他给妻子写信时，圆形逐渐扩大；到他的妻子生孩子时，圆形已经占据整个画面。

圆是一种隐喻，象征着天地万物的循环，无论海洋、天气，还是生命，都是无尽的循环。

灯塔，当然也是一种隐喻，它可以象征很多东西，比如孤独，比如指引，比如希望，比如依靠，当风暴来临，茫茫大海，仍有灯塔可以依靠。

但是，我觉得，这本书真正的主角并不是灯塔，也不是守塔人，而是时间，就像她以往的绝大部分作品一样。

《甜点，真好吃》，是四个世纪里，四个家庭制作同一种甜点的故事。

《寻找维尼》，是一个多世纪里，一只熊，两段友谊的承接。

《你好灯塔》也是。我们看到时间的流逝，在晨昏的变化中，在海浪起伏的变化中，在风霜雨雪的变化中，在四季的变化中，甚至在灯塔看似地老天荒伫立不动的姿态中。

其中，最精妙的一个设计，是守塔人的妻子临盆的那个画面。灯塔房间被切割成 12 份，每一份都是妻子临盆前焦灼的脚步，就像一个时钟里的时针在走动。"我一直想在绘本里放一个生孩子的场景,新生命即将在茫茫大海中央诞生。那一刻,你失去了所有的时间感和方向感,你不知道自己在房间里已经走了一分钟、一个小时,还是一个星期。"

"在灯塔里,守塔人的妻子在屋中踱来踱去。守塔人烧好热水,搀扶着她,吸气、呼气。"即使在这样的情境之下,他仍然不忘"守护塔灯,在灯塔日志里,记下他们的孩子诞生的那一刻"。

画面与文字至此,给人的感觉是复杂的,不安中的沉静,沉静中的温柔,温柔中的忧伤,忧伤中的希望。

无论文字与画面,都内置一种不断重复的旋律,正是这种复调给人以某种深沉的抚慰,让你觉得,即使岁月流逝,人事变迁,没有什么是永恒不变的,但我们终究会有一个可以依傍之处,无论远在世界的尽头,还是就握在你的手中——书的力量之一,就是让我们能够逃到书中,逃到不同的时代、不同的地方,我们可以想象自己就生活在大海中一个小小的岛屿之上,哪怕这种生活方式早已不存在。

"一个男人和一个女人住在大海中央,过着宁静的生活,每天守护灯塔,注入灯油,点燃塔灯,令其彻夜不熄。是的,这种生活不存在了,所以,趁它彻底消失之前,要把它记录下来。我就是怀着这样一种心情,画下这本书的。"

我问她:"为什么对旧的东西有这样的执念?"

"我不知道为什么这些旧的东西对我这么重要。即使在很小的时候,我就喜欢旧东西,而不是新东西,我喜欢老的木头玩具,不喜欢新的塑料玩具。也许是因为古老的东西充满了故事吧，而我是一个讲故事的人。"

小时候，《小房子》曾经是她最爱的一个故事。维吉尼亚·李·伯顿笔下的小房子，原本生活在开满雏菊、种满苹果树的乡间，享受着四季变迁，偶尔好奇远处城市的灯光。

然后，随着城市的不断入侵，小房子一点点被淹没在公路、汽车、高架列车和高楼之间，她的彩漆裂了，窗户破了，她不再能够感知季节的变迁，也看不到黑夜和星星。

然后，有一天，小房子终于得到拯救，她被挪置到另一个美丽的乡间。人们再一次给她涂上了粉红色彩漆，窗户和百叶窗修好了，新的人家住了进来。她再也不好奇城市的生活了。

从某种角度来说，苏菲·布莱科尔觉得自己有点像那个小房子。从澳大利亚的海边小镇，移居到美国之后，她在纽约生活了很长时间，但她的梦想一直是乡间的小房子。后来，她终于如愿以偿，在纽约郊区买下了一个小房子。

那个房子建于1790年。对于一个澳大利亚人来说，230岁已经很古老了。住在那个小房子里，她经常想，是谁曾经住在这个地方，是谁用木头做了橱柜，是谁垒了一块一块的砖，是谁点燃了壁炉里的火，是谁从小溪中取水……想着这些事情，她感觉自己仿佛跟过去，跟这片土地，有了某种真实的连接。

她谈起25年前的中国之旅。那时候，她独自来中国旅行，坐火车经过许多小村庄，如今，那些村庄都变成了城市，她见过的那些小房子也都不见了，

"我看到不断有旧的东西消失，被拆毁，新的东西被建起来。所以，我知道，尽管维吉尼亚·李·伯顿为小房子安排了一个幸福的结局，但那个结局并不会长久，一切终究会重来，那片乡间最终还是会变成拥挤的城市。"

这可能也是为什么李·伯顿为小房子安排的那个新家，虽然同样开满了雏菊，种满了苹果树，但毕竟还是不一样——最初那一方小池塘不见了。

我问布莱科尔："孩子能明白这种惆怅吗？"

她沉默了一会儿，转而回到《你好灯塔》。一对父母读完这本

书，觉得这真是一个悲伤的故事，不是吗？守塔人一家最终不得不离开灯塔，那里曾经是他们的家，但现在那一部分的人生结束了。

但孩子却说："不悲伤啊。与灯塔道别后，他们会关上门，走到楼上，在他们的房子后面，有一整个世界等着他们去探索啊。"

"我觉得很神奇，孩子能看到父母看不到的地方。那个楼梯是我刻意画在那里的，我希望他们的目光既是在回望，也是在望向未来。有时候，你必须让一个故事结束，才能让另一个故事开始。"

人生有很多种可能性，但你可以选择活成一颗水煮蛋的样子

"如果有一个时间机器，可以让你回到童年，你会对那时候的自己说些什么？"

吉竹伸介想了半天，说，"我会告诉他，没关系，你今天感到的所有这些烦恼和不安，未来都会有用的"。

有些书有趣，是因为它带你去遥远的虚构世界，另外一些书有趣，则是因为一只脚在现实世界里，照见了我们的生活、共通的悲喜。日本绘本作家吉竹伸介属于后者。

他在书中描绘的，常常是最普通的孩子，最普通的挣扎。比如一个孩子的脑袋被衣服卡住了，于是他幻想着就这样生活下去会怎么样？

《脱不下来了》

或者，再无聊不过的一个东西，换一个视角看看，突然变得妙趣横生，比如餐桌上的一个苹果，假如它不是一个苹果，那会是什么呢？

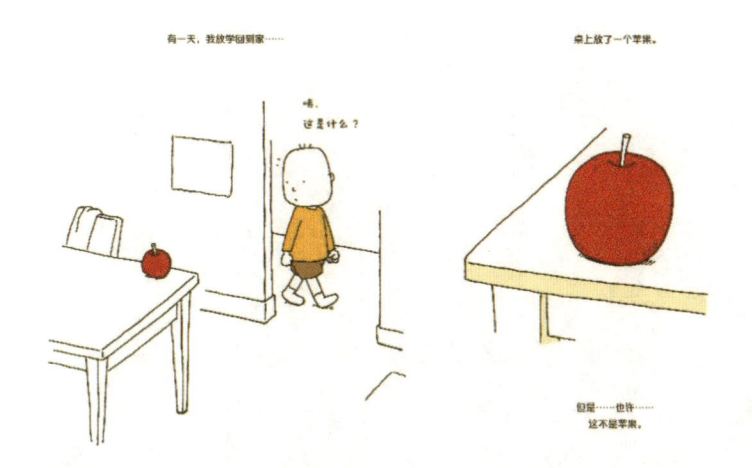

Part 2　与当代著名童书作家对话

《这是苹果吗？也许是吧》

读到最后，你是否会想起威廉·布莱克的那首诗？

一花一世界，一沙一天国；君掌盛无边，刹那含永劫。

有时候，是一个孩子倒躺在沙发上百无聊赖的姿态打动了他。

于是，作者放任他就这么无聊下去，上天入地，由己及人，西瓜虫会无聊吗？路上的石头会无聊吗？被吃剩的胡萝卜呢？是谁发明了"无聊"这个词？一个无聊的游乐场是什么样子？世界上最无聊的地方在哪里？人一生之中什么时候最无聊？……

《好无聊啊好无聊》

　　吉竹先生说，他最喜欢做的一件事情，就是在日常生活中探寻那些最不起眼的细节，"我想，这个世界很多的秘密是在很小的细节里显露出来的，就像一个孩子的行为，或者父母与孩子之间的一段对话。通过观察这些微小的细节，你能发现人与人之间关系的模式"。

所以，无论走到哪里，他总是随身携带一个记事本，当注意到一些很小的细节，比如一个孩子坐下的时候腿怎么搁，或者一个男人喝了咖啡以后怎么放下杯子，就赶紧记下来。"这个世界上发生的事情，99% 是不值得记下来的。而我想写的东西又如此琐碎，我担心如果不立即写下来，我会立刻忘掉。"

他说自己画不了抽象画，"像什么'表现悲伤'呀、'下午三点的布宜诺斯艾利斯'呀，这些画我是一窍不通。我只能画一些记录某些状态的情景，比如'摆着3个箱子'、'有两个人，其中一人蹲着'之类的"。

但换个角度看，也许是他太擅长将抽象的概念具象化了。经历过一点岁月的人，应该不难看出，《脱不下来了》是在讲人生的卡壳，《这是苹果吗？也许是吧》是关于人生的视角，《好无聊啊好无聊》是关于人生的趣味，《做个机器人，假装是我》则是关于我是谁……

再比如《后来呢，后来怎么样了》，爷爷去世了，再平凡不过的那种死亡，却留下了一本日记，畅想死后的种种生活，如何投胎，下辈子想变成什么，去天堂时要带些什么装备，会遇到些什么样的神仙，我的墓地最好建成什么样子……

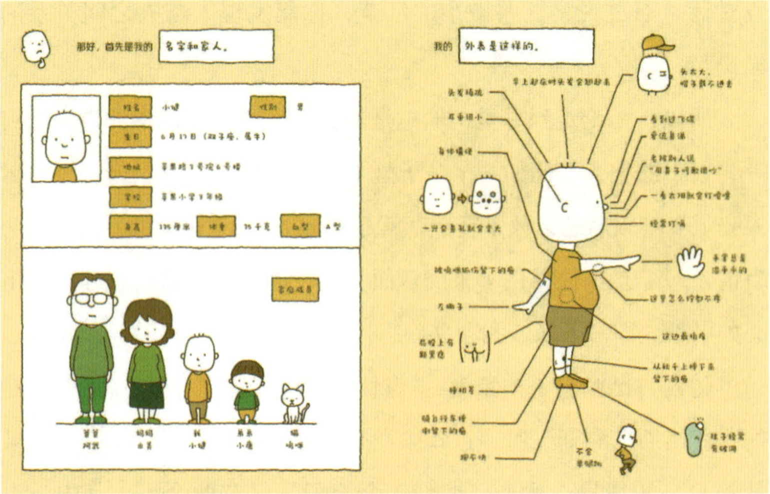
那好，首先是我的
名字和家人。
姓名
性别　男
生日
家庭成员
爸爸
妈妈
我
弟弟
猫
我的
外表是这样的。
头太大，
帽子戴不进去
早上起床时头发会翘起来
头发稀疏
耳垂很小

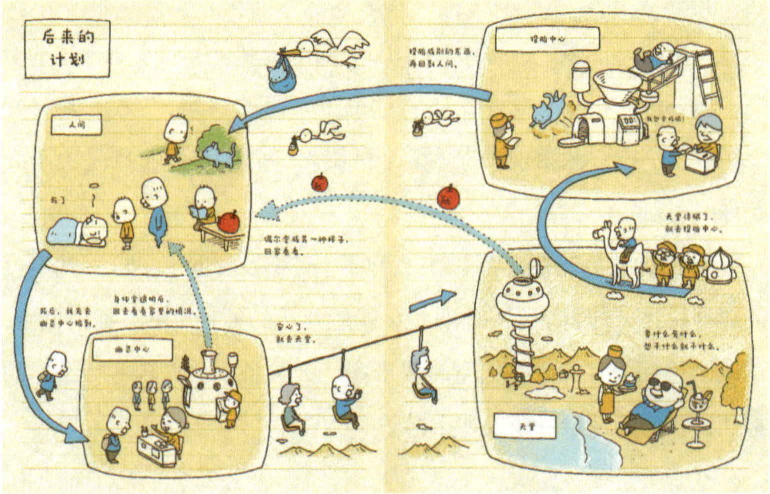
后来的
计划
人间
偶尔变成另一种样子，
回家看看。
死后，就先去
幽灵中心报到。
身体变透明后，
回去看看家里的情况。
幽灵中心
安心了，
就去天堂。
投胎中心
投胎成别的东西，
再回到人间。
天堂待腻了，
就去投胎中心。
要什么有什么，
想干什么就干什么。
天堂

谈论死亡的绘本有很多，其中不乏处理得非常精妙的、温情的、优雅的，或者充满哲思的，比如《伤心书》《我的爷爷是幽灵》《死神与鸭子》等，但从来没有一本关于死亡的书，让人如此哭笑不得，笑中带泪。

爷爷到底是带着什么样的心情写下这样的死亡日记的呢？是因为期待，还是因为心中太过孤独和害怕，才会用这些无厘头的想象劝慰自己？

作者并没有给出答案。事实上，他似乎从不在他的书中给出任何答案。"我的书有一个一贯的主题，就是这个世界上有很多事情是很难理解的，所以不必强求理解。"在不久前的一次采访中，他这样告诉我。

所以，衣服脱不下来了，没关系，不一定非要脱下来啊。脑袋被套在衣服里的人生也可以很有意思。

很无聊很无聊？没关系，那就无聊好了。无论多无聊的事情，都可以把它变得有趣。

不知道死后的人生会怎么样？没关系，想想活着的时候做什么，好像也不错。

笔记本买回来了。
如果是我，死后会怎么样？

我刚一开始想自己死后的事情，
就发现我还有很多现在就想做的事。

踢出倒钩球。

抓一只大螃蟹。

英雄救美。

取得重大发现。

这么看来，他的每一本书，似乎都是在跟孩子说，没关系。这个世界很有趣，只要你学会用一种自由灵活的目光打量它。所以，不要放弃希望。

我问吉竹，世界那么大，什么样的故事会特别打动他？

他说，他一直对于"触不可及"这件事情很感兴趣。"一个人很想做成一件事情，但无论如何都无法实现，这个差距总是让我有很深的触动，总是想去表达这个部分。说起来，人的烦恼不都是来源于此吗？"

"大人总是喜欢教育孩子。我不否认有些孩子需要这样的教育。但也有孩子需要有人告诉他们，没关系，你可以感觉脆弱，或者无助。"

"这件事情我做不到，别人可能也做不到吧。"孩子如果能意识到这一点，也许会是很大的安慰吧。

就像他自己小时候，一个很内向的孩子，怕生，心里很多忧惧，总想着取悦于人，总担心一部分的自己会惹人厌烦，所以尽量不动声色地活着。他说，对他而言，那样的童年是很难熬的。事实上，直到今天，他仍然对这个世界感到不安，每天总想着怎么才能变得幸福一点？一个幸福的人，大概不会总想着这种事情。

他原本以为，像他这一类型的孩子，每个时代都会有一些，但恐怕不会太多。一百个人里有一两个？但后来他渐渐意识到，也许对大部分孩子而言，度过童年都不是那么容易的事情。也许，即使成年了也一样，每个人都感到脆弱和恐惧，表现为这样或那样的方式。

"这个时代最大的好处可能就在于，我们对于人性的脆弱、软弱变得更宽容了。"他说。

我告诉他，他笔下的小男孩，让我想到《花生》漫画中的查理·布朗，一个永远的"失败者"，善良、真诚，但活得事事不如意，作为风筝爱好者从来没有成功放飞过一只风筝，作为投球手从来没有碰到过球，暗恋的女孩从来没注意到他的存在。他每天都很焦虑，连他的焦虑也有焦虑症。

他说,"我很喜欢查理·布朗。他看待世界的目光也是同时夹杂着悲观、平等和幽默,对此,我深感共鸣。但如果说有什么不同的话,可能是我笔下的孩子更像个孩子吧"。

《只能这样吗?不一定吧》是他最新在中国出版的一本书,一个小女孩听哥哥讲了很多关于未来的可怕的事情。于是,她跑去问奶奶。奶奶告诉她,别担心,未来会变成什么样子,谁也不知道。也许会变得很可怕,但也有可能会变得很有趣。

于是小姑娘畅想了各种各样的未来。

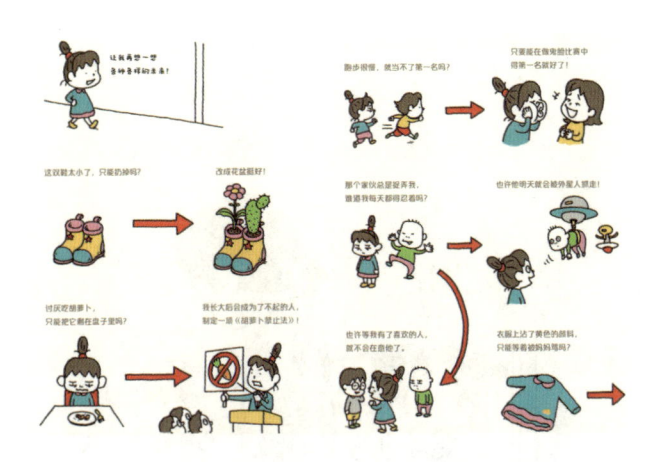

当妈妈问她，早餐要吃水煮蛋还是煎鸡蛋时，她想到了一颗蛋的各种可能性。

有趣的是,她最终还是选择了水煮蛋。

这是在隐喻现代社会里一个人的可能性吗?我们貌似有无限的可能性,但大部分都只能活成社会规定好的那几种有限的样子?

"我想说的,不是你只能选择水煮蛋,而是你可以选择水煮蛋。重要的不是你选择了什么,而是你选择的理由是什么?"

人生有很多种可能性,但你可以选择活成一颗水煮蛋。

Part3

那些关于成长的秘密

在丰足的自然中长大

无论陶渊明的桃花源,还是梭罗的瓦尔登湖,似乎都不如老鼠一家日出而作、日落而息的生活来得真实、自然,因为他们不是为了实验,也不是为了避世,而是真实地"活"在自然的每一个时刻里——生于斯,长于斯,死于斯。他们接受自然的馈赠与限制,也回报以温情与感激。

英国作家阿兰·德波顿曾经说过,他每次读到朱迪斯·克尔的童书《老虎来喝下午茶》,就会有一种流泪的冲动。流泪,不是因为故事悲伤,而是因为它比我们期待的要更美好,更温柔,更幽默。这些品质在我们生活的现代社会已经变得如此稀少,所以每次遇到它们的时候,就忍不住流泪,眼泪提示你某种永恒的失落——一个曾经更好的世界,更好的自己,只是再也无法触及。

我每次翻开岩村和朗的图画书,也会有类似的要流泪的冲动,因为他笔下的世界是我曾经无比熟悉,却永恒失落了的世界。说起来,这是一件很奇怪的事情,一个比我早出生近半个世纪的日本人,无论从成长的年代还是环境来说，都与我没有半分相似之处，为什么他画出来的东西会带给我如此强烈的乡愁？

岩村和朗最著名的作品是"14只老鼠"系列。我儿子小虫对这套书的爱简直到了走火入魔的地步，以至于能根据微妙的表情差异分辨10只看上去几乎一模一样的小老鼠（10只小老鼠，加上老鼠爸爸、老鼠妈妈、老鼠爷爷、老鼠奶奶，一共14只老鼠），他甚至对不同小老鼠的穿衣特点了然于心：老三喜欢红色，老六喜欢格子图案，老二的裤子上总是有补丁……

在回复我的邮件中，岩村和朗先生这样描述这一系列故事的创作源泉：

> 太平洋战争末期，我刚刚记事。6岁那年，太平洋战争结束。我的少年时期，是在战后极度混乱的环境中度过的，饱受饥饿和贫困之苦。距离1945年战争结束还有大约一年半的时候，年幼的我和长我4岁的哥哥为躲避战乱，被迫离开父母，来到了位于秋田县乡下的祖父母家中。回忆起那段时光，我能够记得的，大多是寂寞和饥饿。但幸运的是，祖父母家位于一片田园中，被稻田和果园包围，在这里的生活造就了我对于大自然的最初印象。
>
> 战争结束半年后，我重新回到了在东京的父母亲身边。彼时的东京只剩下一片废墟，原来的家早已在战火中被烧毁。在

Part 3　那些关于成长的秘密

我读小学的 6 年间，我们一家八口人一直挤在一间八张榻榻米①大小的破屋子里生活。虽然几乎一无所有，但是父亲和母亲还是竭尽所能想让我们生活得更好一点，他们甚至还在破屋前面的小院子里，搭起了简易的厨房和澡堂。这样的生活经历，正是我创作"14 只老鼠"系列的源泉。

我一下子就明白了，为什么"14 只老鼠"系列的几乎每一本书都是从大人清晨起床、洒扫庭院、烧火煮饭开始，以老鼠一家围坐在一起亲亲热热地吃饭结束。

好丰盛的南瓜宴啊！有南瓜饼、南瓜糕、南瓜汤、南瓜浆和南瓜馒头。"还收获了那么多种子呢。"爷爷说。

---

①　一张榻榻米的面积大约是 1.6 平方米。——编者注

而中间则是一个平常人家在自然里最质朴的劳作与休憩——摘树莓、种南瓜、洗衣服、看蜻蜓、赏月、唱摇篮曲……

一个孩子的成长最需要什么？无非是丰足的自然，与温暖的人情。但是，到底什么才算自然？我们必须把孩子带到人迹罕至的荒野才算自然教育吗？还是在城市公园里看看草木昆虫也算自然？作为大人，我们又应该在其中扮演什么样的角色？

长久以来，人类与自然之间的关系似乎是拧巴的。我们为了逃避自然的严酷无情，建立了城市，却又为城市的喧闹所禁锢，渴望回到自然。而这种渴求本身，似乎也带着某种虚妄与徒劳。如果孩子是人类心灵上的初民，这是否意味着，我们的孩子可以与自然之间建立一种更真实的关系？

我向岩村先生请教孩子的心灵通往自然的可能路径。

如他所说，当年是祖父母家的稻田与果园抚慰了一个孩子在战乱中的饥饿与寂寞，以至于他在36岁那年（1975年）下定决心，和家人一起离开东京，来到栃木县的乡下，从此住在杂木林中，并开始了绘本画家的生涯。

"在我孩提时代的记忆中，东京是没有大自然的。离开都市后，我才领略到自然的魅力。我从36岁开始，在乡下居住了四十多年，这里有大片的森林、农田，自然景色非常棒。能和自然界的生灵万物共同生活在极好的自然环境中，可谓幸事啊！可问题是，人世间又有多少人这样想呢？希望抱有这种念头的人可以更多一些。"他在信中这样写道。

"我认为，孩子们在成长过程中，应该仔细感受身边的大自然。在我看来，这是非常重要的事情。动物、植物、真菌等生物的世界里，充满了不可思议的事情。只要揣着好奇心去仔细瞧，就会发现原本看不到的东西，从而发现新大陆。从大自然中，可以发现'活着'这件事情的真谛。"

"活着"是什么意思呢？

他说："进食、排泄、呼吸、睡眠、繁衍、死去……像这样的所有的生物行为，都是对活着的解释吧。"

所以，无论陶渊明的桃花源，还是梭罗的瓦尔登湖，似乎都不如老鼠一家日出而作、日落而息的生活来得真实、自然，因为他们不是为了实验，也不是为了避世，而是真实地"活"在自然的每一个时刻里——生于斯，长于斯，死于斯。他们接受自然的馈赠与限制，也回报以温情与感激。虽然，我们都知道，这种田园牧歌式的生活并不存在于现实世界。

但是，如岩村先生所说，"如果你曾经与孩子漫步山野，听他们问各种各样的问题，这是什么，那是什么；为什么会这样，为什么会那样？你就会明白'活着'是什么意思，以及存在是一种怎样的奇迹。他们的问题，从来没有，也不需要一个唯一的、直接的答案。你需要做的，就是让他们的想象力带着他们自己前行"。

是的，孩子应该在丰足的自然与温暖的人情中长大。虽然，我们不可能像老鼠一家那样"活"在自然中，但即使在这样的漫游中，自然的美与神秘也能在一个孩子的心灵里扎根，成为他们内心的某种源泉，以对抗未来岁月中可能的倦怠和幻灭？

在陪读了半年的"14只老鼠"系列之后，我很高兴终于迎来了这套新的"3只小松鼠"系列。这两套书是姊妹篇，尤其是两个系列中的第一本，也就是《14只老鼠大搬家》和《3只小松鼠的新朋友》的创作几乎是同时进行的。

那时，距离岩村先生举家搬离东京迁入栃木森林，已经七八个年头。这七八年里，他的第五个孩子出生，老三和老四也从蹒跚学步迈向上学的年龄。大概就是这几个孩子在广阔的自然中奔跑跳跃的身影，激发了他创作的欲望。

《3只小松鼠的新朋友》里，三只小松鼠夜里偷偷溜出去，找小猫头鹰玩，玩了一会儿就抵抗不住睡意，昏昏睡去，被前来寻找的松鼠爸爸连拖带抱地抱回家。

在开篇的序言中，岩村这样写道："为什么到了晚上就要睡觉呢？"孩子们总是会向大人提出类似这样的单纯疑问。世间法则也好，自然万物也好，都存在着许多不可思议之处。我很想做一个永远抱有这样单纯疑问的大人。"

也许是嫌5只松鼠不够热闹，也许是触动了他自己的童年记忆，不久，他又以生活在地上的野老鼠一家为主人公，开始了"14只老鼠"系列的创作。"之所以最终选择野老鼠，是因为如果14只松鼠同时出现在一个画面里的话，全是尾巴，实在太碍事了。"

"14只老鼠"系列的第一个故事，就是小老鼠一家搬家的故事。他们在森林深处找到了一个漂亮的大树根，下面有门，上面有窗户。一家人齐心合力，搬来竹子和木头，一点点建起了自己的家。一楼是大人的房间，二楼和三楼是小孩的房间，还隔出了厨房，接来了水源。他们采来好多好吃的东西，橡子、松果、山药和蘑菇。这下，就是寒冷的冬天来了，也不用怕了。就这样，他们在新家里度过了第一个，以及之后无数个宁静的夜晚。

其实，如果你仔细品味，大概能分辨出，"3只小松鼠"系列中的童年是属于岩村的孩子的，活泼、跳脱，充满了天真、好奇，而他似乎是站在一旁饶有趣味地观察着他们；而"14只老鼠"系列中的童年则是属于他自己的，作者在其中倾注了他自己关于匮乏的记忆与情感，所以，10只小老鼠的天真顽皮里带了一点匮乏岁月里的孩子特有的乖巧懂事，而且，匮乏中自有一种素朴的美与尊严，也更有一种宁静、悠远的味道。

一个人感到孤独，是因为他曾经体验过不孤独。一个人感到与自然的断裂，是因为自然曾经是他内心不可割舍的一部分。我想，对岩村先生而言，童年时代寂寞与饥饿的记忆，大概只有在他自己笔下描摹的人情与自然中才能得到抚慰与治愈。正因为如此，5只小松鼠也好，14只老鼠也好，父母之爱、手足之情才能如此温暖、质朴；正因为如此，他笔下对自然的描摹才能够如此丰足、细腻。

老鼠爷爷坐在摇椅上，抱着一粒南瓜的种子说："这是南瓜的种子，一粒生命啊！"这不仅是在讲述生命最基本的构造，也是对自然最纯朴的珍惜。(《14只老鼠种南瓜》)

Part 3　那些关于成长的秘密　　　　　　　　　　199

"这是南瓜的种子，一粒生命啊！"爷爷说。"让我们一起种下它吧！"爸爸说。

3只小松鼠穿上新毛衣,他们身上的那抹红色,是妈妈的爱,是自然的色彩,是生灵的律动,也是孩子惊奇与发现的目光。(《3只小松鼠的红毛衣》)

看虫子打架才是孩子该做的正经事

> 难道我不
> 正如你一般，
> 是一只飞虫？
> 或者，
> 你如我一般，
> 是一个人？
> ——威廉·布莱克

小时候读《神雕侠侣》，对杨过的一段童年往事印象十分深刻。他幼年时在桃花岛，一次与郭芙和武氏兄弟斗蟋蟀，因为郭芙踩死了蟋蟀而打了她一记耳光，引得武氏兄弟痛殴，也令黄蓉对他的误会和嫌隙更深。

为什么杨过会对那只蟋蟀之死如此激动？

因为那只黑黝黝、相貌奇丑的小蟋蟀就是他自己。

大概只有孩子才会对虫子产生这样的情感共鸣。除了极少数的昆虫，比如萤火虫啦，蝴蝶啦，大部分成年人对虫子的本能反应都是一身鸡皮疙瘩。1973年的一项调查显示，我们对昆虫的恐惧甚于死亡，排在公共场合演讲和恐高之后，与"经济问题"、"深水"并列第三。据说对昆虫的这种厌恶感是有进化基础的，因为它们叮、咬、传播疾病的能力（虽然只有极少一部分昆虫对人类有害）。还有一种说法是，我们与昆虫亲近不起来，可能与它们的长相有关，它们的头部大都是固定的，又没有表情，所以很难人格化。

但为什么孩子不一样呢？对于昆虫，他们即使不是表现出巨大的热情，也至少不像我们这样感受到威胁。他们在火柴盒里养蟋蟀，让蚕宝宝爬过自己的小手，会对着一只死去的毛毛虫悲伤，他们甚至喜欢蜘蛛。我认识一个小朋友，攒了半年的星星只为了买一只毒蜘蛛。是因为他们有更多的好奇，他们能在自身之外的事物中找到可爱之处？还是初生牛犊不怕虎，他们的意识尚未能理解祖先们通过进化向我们发出的危险信号？

无论如何，孩子喜欢昆虫，是一件很好的事情。我们不久前做过一期关于植物的封面故事。在那期封面里，我们提到过一个"自然金字塔"的概念，是美国弗吉尼亚大学的城市规划师蒂姆·贝特里提出的，是他为人们应该摄入的"自然"剂量开列的一份清单。

金字塔的顶端是一年一度或两年一度的荒野之旅。按照他的说法，"那些地方会重塑我们的核心，为你注入对自然的深刻的敬畏感，让你重新与更广阔的人群连接，重新确信自己在宇宙中的位置"。往下一层,是每月去一次森林、海边或者沙漠。再往下一层是每周可以去一次的公园、河边,暂时逃离城市的喧嚣,至少在自然里待够一小时。然后,最底层的是我们日常交互的自然,包括社区里的鸟、树、喷泉,家里的宠物、绿植,自然光、新鲜空气、一小方蓝天……这些都类似于日常蔬菜,可以帮助我们舒缓压力,提高专注力,减轻精神疲惫感。

但这位设计师完全忽略了昆虫。其实,昆虫的世界才是我们最触手可及的自然,因为它们无处不在,而且明目张胆、毫无顾忌地和我们生活在一起。美国心理学家詹姆斯·希尔曼曾经说过,为了与自然建立连接,与最广大的动物界建立连接,我们不应该从那些最显眼的动物开始,比如鹿、狮子和大熊,而应该从我们最恐惧的虫子开始。

这本书的主题很明显，四季轮转，生命循环，但这么大的主题却是用一个极小的故事来表述的——一群虫子与一枝花的故事。最神奇的是，作者自创了一门虫子语，不是胡编乱造的虫子语，其殚精竭虑之处，虽然不能跟托尔金发明精灵族语言相比，但至少也望其项背了。

一株小绿芽破土而出，两只豆娘凑过来研究。

一个问，"哆悉哒？"

另一个回答，"哦卜叽。"

小苗越长越高，枝繁叶茂，三只甲虫爬了上去。它们在叶子上搭了城堡，建了房子，看书、荡秋千，喝鸡尾酒，悠然自得。

Part 3　那些关于成长的秘密

时间流逝，虫来虫往，有的看一眼匆匆离开，有的留下张罗个不停，与此同时，植物也悄悄地发生了变化……

直到白雪覆盖了一切。

然后,春回大地,万物复生。一只新的虫子遇到一排新的小绿芽,"哆悉哒?"

人世间的荣枯、生死、成败、悲喜,似乎都暗含在这样一则小小的故事里,但我最喜欢的一点是,它真的发生在我们身边任何一个平常的小角落里。只要有泥土、有树木的地方,在后院随便翻开一块水泥砖,都能看到同样的戏剧上演。

《虫子本》是设计师朱赢椿的新作。

这位设计师似乎对虫子有特殊的情结,已经出版了好几本跟虫子有关的绘本

和摄影集。

即便如此,《虫子本》也很特别。一开始,我以为这就是一本好玩的笔记本,每一页的格子之间画了一些探头探脑的小昆虫,增添一点写字的情趣而已。但仔细研究一下,你会发现这里每只小昆虫都是有故事的,而格子则是它们的场景、道具和剧场。虫子们在这方寸之间忙忙碌碌,那些格子被吃下去,拉出来,折过来,叠过去,吊上来,滚下去,抖抖齐,又切切碎,卷成一团,又塌了一地,让人想起那句著名的唱词,"眼看他起朱楼,眼看他宴宾客,眼看他楼塌了"……

朱赢椿说,所谓创造,就是在最枯燥的地方发现趣味,在最丑陋的事物中发现美。他曾经画过一本《便形鸟》,在鸟粪中发现了一片奇妙天地。《虫子本》也一样,横平竖直,再枯燥不过的格子,我偏要把它做得妙趣横生。也算是对我们成年人的一种警戒吧:生活里有些东西本来很有趣,为什么我们总是忽视它们?"

这些故事,你可以只当成一个个简单的小故事听,但要探究更深一点的寓意,也未尝不可。比如第一个出场的是蚂蚁,小蚂蚁觉得蓝色格子不好看,要涂成红色。它一丝不苟地刷漆,快要完工的时候,偏偏下了一场大雨,打糊了颜色。

朱赢椿对蚂蚁有特殊的喜爱。他回忆起10年前,自己还年轻,每天就是加班熬夜,辛苦得不得了。有一天看到蚂蚁搬家,跋山涉水,然后一个车轮子过来,一切都没了。"昆虫的生命很短,却也执着地想去占有一些东西,也要齐心协力地建设家园,与我们有什么区别呢?"

所以,在这个故事里,他让小蚂蚁重整旗鼓,继续刷漆,只不过这一次它把线条刷成了红蓝相间的彩色格子。"这就是人生的机缘,因祸得福,适时而变。"

最后小蚂蚁画上瘾了，连页码都要画上。

蚂蚁走了，一寸虫来了，把整齐的线条一口口咬断，边吃边拉，后来吃撑了，爬不动了。谁会在这只吃撑了的一寸虫身上照见自己的贪婪？

然后，屎壳郎来收拾残局。它把一线虫的粪便收集起来，推成球，但快要成功的时候，又塌掉了。功败垂成，周而复始，屎壳郎的沮丧里何尝没有我们的挫败感？

一只蜜蜂过来了,觉得一张白纸很无趣,就想用螯针画条线,没有耐心就飞走了。然后来了一群蚂蚁,一点一点,恢复秩序。

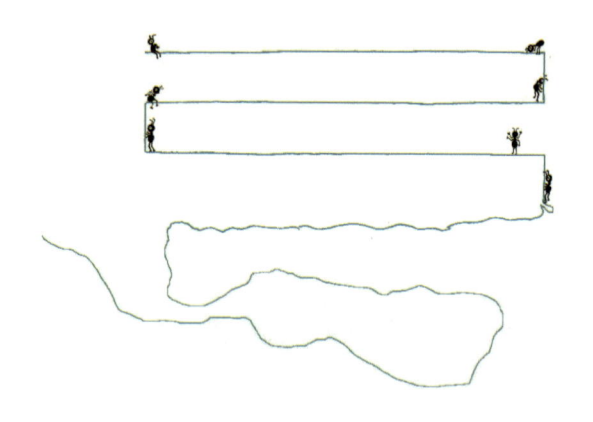

灰色的西瓜虫想变成红色,彩色的蝴蝶想变成单色,没有壳的鼻涕虫给自己推了一个彩色的壳,毛毛虫想脱掉一身的辣毛。这些都是虫子们的小小梦想,有些梦想实现了,有些梦想将它们置于危险之地。

卷页线虫作茧自缚。

瓢虫是完美主义者,见不得一根歪了的线,但捣来捣去,最后所有的线都歪了……"生活本来的样子就应该是有一点余地,有一点缺口,有一点遗憾"。

蜘蛛的促狭,是日常可见的小小恶作剧。

Part 3 那些关于成长的秘密 215

螳螂挥舞大刀,剪出"这是一本虫子本",但蚂蚁不同意,重整一下,"这是一本书"。

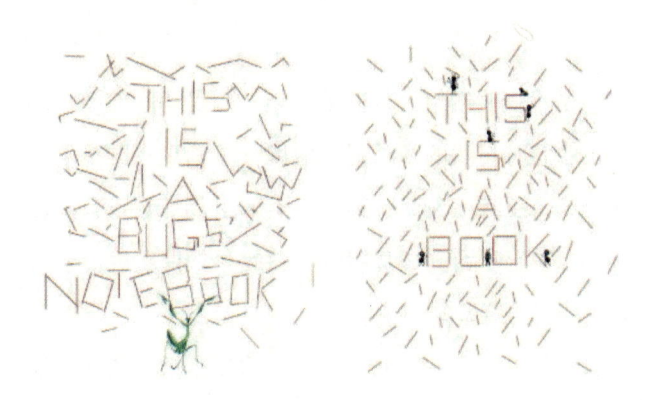

最令朱嬴椿感到兴奋的是,的确有很多孩子把这个本子画成了他们自己的书。

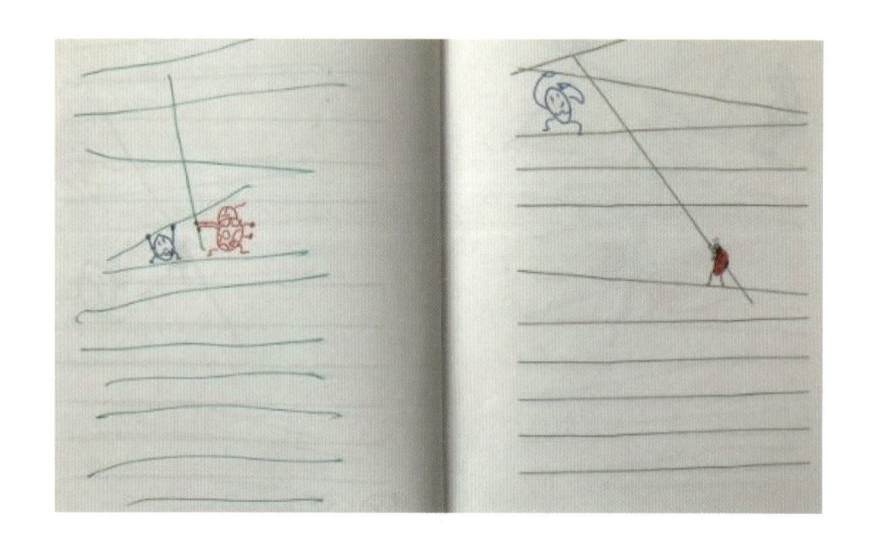

他说,这不是一本给大人的笔记本,而是一本给孩子的书,因为他想唤起他们对自然的亲近感。他说,看到现在的孩子过早地被规训,被圈养,浸泡在奥数、英语、美术里,唯独没有人教他们如何俯下身,去观察一朵花如何盛开,一只蜗牛如何爬行,但在他看来,这些才是一个孩子该做的正经事。

自然课,是一个人一生非常重要的课程。这个道理,他也是人到中年才明白。他从小在农村长大，也曾经在城里的孩子面前自惭形秽，但人到中年，才发现创作的源泉汩汩不歇，基本上都来自上中学之前的经验。

他说，在他的童年里，有几个画面是他永远都忘不了的。比如清明时节，柳树正在发芽，他会爬到树上去，用柳条编织成一个鸟巢，趴在鸟巢里看下面的人扛着锄头去田里干活，觉得自己是只鸟。

还有春天里那些一望无际的麦田，他会推倒一片麦子，钻进麦田深处，等待各色小伙伴的到来。小青蛙刚冬眠醒来，小小的青蛇从你眼前哧的一声滑过去了，还有小小的黄鼠狼，看到有小孩躺在这里，身体立起来，像猴子一样渐渐靠近他，一点没有害怕的样子。

直到今天，他最喜欢做的事情就是在工作室门口的菜地里一坐，拿着纸笔和相机，静静地观察蜘蛛结网、蚂蚁搬食、蜜蜂采蜜……

他不是科学家，更倾向于把它们当成生命去观察。"当你知道一个虫子有恐惧感，也有疼痛感的时候，你吓唬它，它会很害怕。蚂蚁，你稍微碰它一下，它就逃跑了。马蜂，你一走近它，它就会蜇人。它们爱自己的生命，并不少于我们。"

愿他们长大了，温柔敦厚而不愚

温柔敦厚是属于中国人的古典气质与性情，但是与温文尔雅、温润如玉一样，这种品质似乎与我们这个时代隔得挺远的。如果非要翻译成现在的语言，大概可以理解为一种善意吧，既对自身的存在本身感到愉悦与满足，也对他人和世界抱有最大的善意与宽容。

一棵高大的樟树里，是一个10层的大房子。宽敞的大厅，干净的楼道，时髦的螺旋阶梯，从管理员鼹鼠住的地下一层，往上每层一个住户，一层是音乐家狐狸，二层和三层住着两个要好的兔子护士，四层是木匠猴子，五层和六层是松鼠的"核桃亭"餐厅，七层是松鸦一家，八层是青蛙，九层和十层是猫头鹰和鼯鼠。

《樟树公寓》讲的就是这样一棵大樟树与它的几位房客的故事。比如第一个故事是讲新房客松鸦的到来。松鸦先生真是人生赢家，刚搬进新居，新媳妇就来了。松鸦太太迅速生了四颗蛋，孵出四个吵吵闹闹的松鸦宝宝。

鼹鼠阿顿是樟树公寓的管理员。
阿顿特别喜欢这座房子。
这是10层的房子，高高地立在原野上。
沐浴着风和光。
阿顿的房间，在地下1层。

然后，青蛙也来了。青蛙先生显然有些傻气和莽撞，他本来嫌八层楼太高，上下楼都是鸟类，诸多不满，正打算离开。偏偏临走时摔了一跤，只能卧病在床，不想得到了房客们的多方关照，感受到了公寓里的人情温暖，于是也喜滋滋地住了下来。

"樟树公寓"系列绘本的文字作者是日本诗人武鹿悦子女士，日本人评论她的童谣诗是，以最大的优雅和深情，讴歌世间生物"生命的光辉"。

老太太当时 90 岁了，据说仍精神矍铄、优雅迷人。我们用邮件进行沟通时，她这样描述这套绘本的创作来源："当时刚入古稀之年，我离开东京，离开故乡，离开工作岗位，搬到了最终定居的奈良。

搬来的这十几年间,由于工作和董事会等种种原因,我时常奔走于奈良和东京。所幸来到奈良,我才能亲近诸如'大台原'等大自然之地,给了我很多灵感。"

在奈良的时候,她经常看着那些壮丽的樟树入迷,总觉得那里面应该自有一个神奇宽广的世界。她想象着那是一个巨大的公寓,公寓中住了各种各样的生灵,他们有着各种各样的生活,而这棵大樟树用自己的大爱包围着那些生灵。

无论古老的东方哲学,还是现代西方心理学,都喜欢拿树作为自由、宽厚与韧性的隐喻,但大概只有为孩子写作的作家懂得一棵大树对孩子的意义。

在一篇名为《世间有不同的树吗?》的散文中,瑞典儿童文学作家林格伦曾经这样写道,"一个人与树的关系,决定了他与自然的关系。对我来说,世界上没有比树更私人、更生动的生命了。在瑞典,诗歌、故事、神话中,到处都有树。我小时候最爱的一棵树是祖母的白心樱桃树,挂满了大颗的黄色红色的樱桃,好像是天堂里才会长的树。我一直在想,也许在我们流浪的灵魂深处,一直渴望回到树林。或许我们自己都没意识到,我们多么后悔曾经离开那里。谁知道?也许是一种纯粹的乡愁,才让我们写下这么多关于绿色森林的诗歌与梦想。"

小时候读林格伦,最羡慕的就是皮皮和她的朋友每天早上爬到树顶晒太阳,吃点心,喝咖啡,喝完就把杯子扔到草地上。吵闹村的几户人家也是靠树连着的，孩子们互相串门时就从树上爬过去。

如果转世成动物的话，我想住在武鹿悦子想象中的那棵漂亮的大樟树里。原野上的房子沐浴在微风和阳光下，空气里能闻到青草散发的新鲜气味，窗外传来叶子的簌簌声和鸟鸣声，伸手可以触摸树皮微微潮湿的质感，大自然的风雨晴和、四季更迭中有绵延不尽的治愈的力量。

下雨时，在家中赏雨小憩，或者像青蛙一样英姿飒爽，来一场雨中野餐，又或者，像老猫头鹰和老鼹鼠一样，泡一壶好茶，一起缅怀一下往昔岁月。

秋日黄昏，与朋友尽兴而归，看樟树公寓的灯光一盏一盏亮起。

雪夜，悄悄地到外面为松鸦宝宝堆几个雪人……

我问武鹿悦子女士，"您希望孩子们读了这些故事，能有什么样的收获？"

她回答说，想要告诉他们"要温柔敦厚"。

樟树公寓里的动物房客们显然是拟人化的。鼹鼠的朴实敦厚，兔子的温柔亲切，青蛙的活泼莽撞，狐狸的优雅怪僻……个性虽然各不相同，但的确都带着一点温柔敦厚的底子。

什么是温柔敦厚？

温柔敦厚是属于中国人的古典气质与性情，但是与温文尔雅、温润如玉一样，这种品质似乎与我们这个时代隔得挺远的。如果非要翻译成现在的语言，大概可以理解为一种善意吧，既对自身的存在本身感到愉悦与满足，也对他人和世界抱有最大的善意与宽容。

意大利心理学家皮耶罗·费鲁奇写过一本《仁慈的吸引力》(*Survival of the Kindest*)，列出了仁慈的十四个面向，比如诚实、温暖、宽恕、接触、信任、专心、喜乐……但他总结"仁慈"的精髓其实简单至极：它省去了我们浪费在猜疑、忧愁、愤恨与无谓设防上的大量精力，让生活回归到原本简单纯粹的面貌。

作为成年人，我们可能要经历许多的挫折、挣扎和悲伤之后才能明白，与人为善，以善意而非恶意揣度世界，才是"一种更为经济的生活态度，一种无须太费力的处世之道，一种更广阔的心灵天地"。

那么孩子呢？我常常想不明白，孩子到底是更接近人性，还是更接近动物性呢？有的孩子可以很冷酷地把一只蚂蚁剪成两半，有的孩子会对着一只死去的毛毛虫流泪，有的孩子则可以同时做这两件事情。这是他们各自天性里的东西，还是环境的产物，我不知道。但也许，我们可以一起列一条樟树公寓式的规则：尽量对这个世界友善一点。就像武鹿悦子女士在后记中所说，"多与善良、温暖的人在一起，自己也会变得善良、温暖"。

末崎茂树的插画既朴素又温暖，寥寥几笔，动物们的个性跃然纸上。如果你也像孩子一样对公寓本身充满好奇，你还能从这些动物的房间里看到许多作者没有讲出来的背景故事。比如从狐狸先生的房间来看，他应该是一个单身男子，墙上挂着的是他幼年时与父母的合影。书架上的书、雕像、花瓶、墙上的画,无不暗示了他的良好品位,以及对秩序的需求。

武鹿悦子说,在樟树公寓的所有房客中,她本人最喜欢的是鼹鼠管理员,这是因为它能够把在公寓住的人都集结在一起。一个三岁的小女孩曾经给她写过一封非常可爱的信(由小女孩的妈妈代笔):"为什么只有鼹鼠先生住在地底下呢?为什么只有鼹鼠先生打扫卫生呢?快帮鼹鼠先生找找女朋友吧……"

我们应该如何过一种更好玩的生活？

在玩这件事情上，我们也许真的应该以孩子为师，不是因为他们比我们更开放，或者更自由，而是因为他们不得不生活在一个更为受限的世界里，他们必须对这个世界的限制做出更多的妥协和调整。这是"玩"，也是智慧。

有一天，一个父亲带着 4 岁的女儿逛商场。周末商场人多，他急急忙忙地拖着女儿在人群中挤来挤去，却发现她一直盯着自己的脚，确保它们不踩在地砖缝上。

原来小姑娘在百无聊赖中为自己发明了一个游戏，只有一个规则：别踩在地砖缝上。当天商场的拥挤，以及父亲略粗暴的推搡，都只让这个游戏更刺激、更好玩了。

这位父亲名叫伊恩·博格斯特，是美国乔治亚理工学院互动计算机系教授，一位著名的游戏设计师与研究者。

对这位研究了一辈子游戏的父亲来说，女儿这一点小小的即兴发明竟成了让他醍醐灌顶的时刻——游戏最有趣的部分不在"游戏"本身，而在"限制"。正是"别踩在地砖缝上"这条限制，开启了"玩"的空间。

为此，他专门写了一本书《玩的就是规则》(*Playing Anything*)，探讨我们应该如何过一种更好玩的生活，如何在日常生活中发现玩的可能性，以及这件事情为什么这么重要？

他认为，我们对"玩"这个词都有误解。比如，我们总是把玩与自由联系起来，做自己想做的才是好玩的事情，但这样你永远都不会满足，因为这个世界本身就是深深受限的。

在他看来，真正的自由，我们在玩中体验到的自由，不是逃避既定的限制，而恰恰是在限制之内的实践。只有当"自由"被限制的时候，"玩"才是可能的，比如足球，规定了不能用手和手臂，操纵一个足球入网；俄罗斯方块，规定了必须用几个方块填满一列横向格子……

《我迟到了是因为……》与《我没有做作业是因为……》这两本绘本就是很好的例子，说明一个简单的限制可以激发孩子多么飞扬的想象力，以及说谎是一种多么好玩的智力游戏。

我迟到了，是因为一群巨型蚂蚁偷吃了我的早餐。

愿你心中有一个广阔宇宙

首先，一群巨型蚂蚁偷吃了我的早餐。

不知从哪儿冒出来一只巨大无比的猩猩,把校车当成了香蕉。

紧接着,不知从哪儿冒出来一只巨大无比的猩猩,
把校车当成了香蕉。

可就在那个时候，我突然变小了。

可就在那个时候，我突然变小了。

Part 3 那些关于成长的秘密

一转眼的工夫，我又变成了巨人。

于是，我决定跨三大步走到学校……

一转眼的工夫，我又变成了巨人。
于是，我决定跨三大步走到学校……

然后，我遇到了一位小姑娘，请我帮着找她外婆的家。

然后，我遇到了一位小姑娘，请我帮着找她外婆的家。

博格斯特说，我们想到游戏、想到玩的种种情境，经常都与重复有关。你不断地回到某些熟悉的情境，但总能找到新的可能性。足球运动员玩的是身体技能、球的物理特性和对手策略的无限组合。俄罗斯方块玩的是方块的位置与方向，是形状组合的可能性。园艺，玩的是植物、气候、化学物与机器之间的复杂关联。

从这个角度来说，所谓"玩"（play）就是在一个限制性的结构之内，操纵事物、运作世界的过程。而所谓乐趣（fun），就是在日常生活令人窒息的熟悉性中找到新的可能性。

这个小男孩深谙玩的乐趣。在他扯的大话里，你会看到很多熟悉的元素，童话（小红帽）、流行文化（金刚）、经典童书（爱丽丝漫游奇境），经他一番胡编乱造，居然也能自圆其说，让你忍不住想要相信他。难怪心理学家说，创造力与不诚实之间有着强烈的正相关关系。一个人越聪明，越有想象力，就越能为自己的错误行为辩护、合理化。

其实，这两本书的魅力更多的来自插画。插画师本杰明·修德是法国人，我以前采访过他，为人腼腆害羞，创作却带着强烈的游戏性和幽默感。

我没有做作业是因为：

我被外星人绑架了。

我被飞碟绑架了。

Part 3　那些关于成长的秘密

我刚要写作业，维京海盗就袭击了我们家。

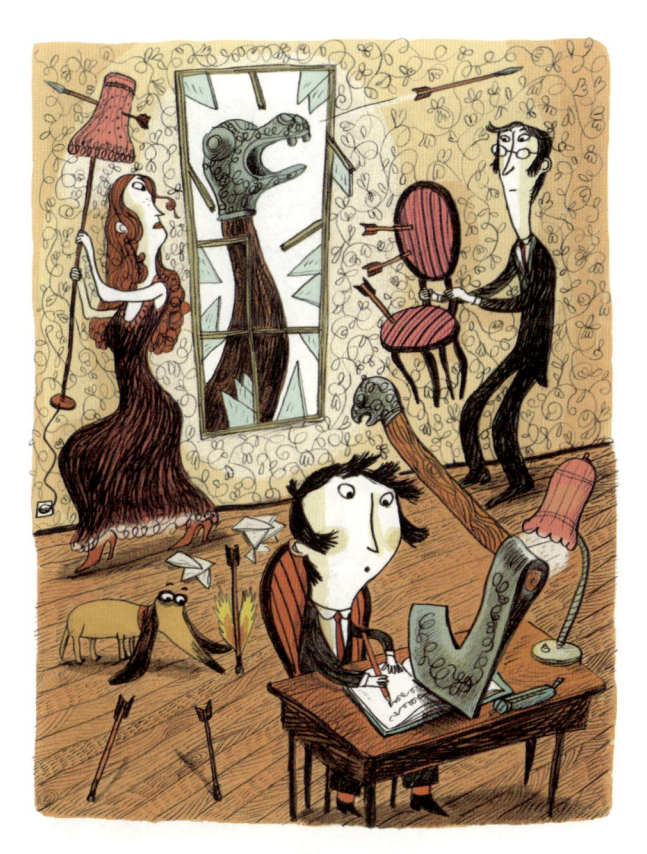

我正要做作业，
我家就遭到了一帮维京海盗的进攻。

有只大狗吞掉了我的小狗,

我只好整个下午都待在兽医那儿。

我的狗被另一只狗一口吞掉了,
所以我在兽医那儿耗了整整一个下午。

Part 3　那些关于成长的秘密　　　　　　　　　235

有几个犯人从附近的监狱逃出来，躲在我的房间不愿意走。

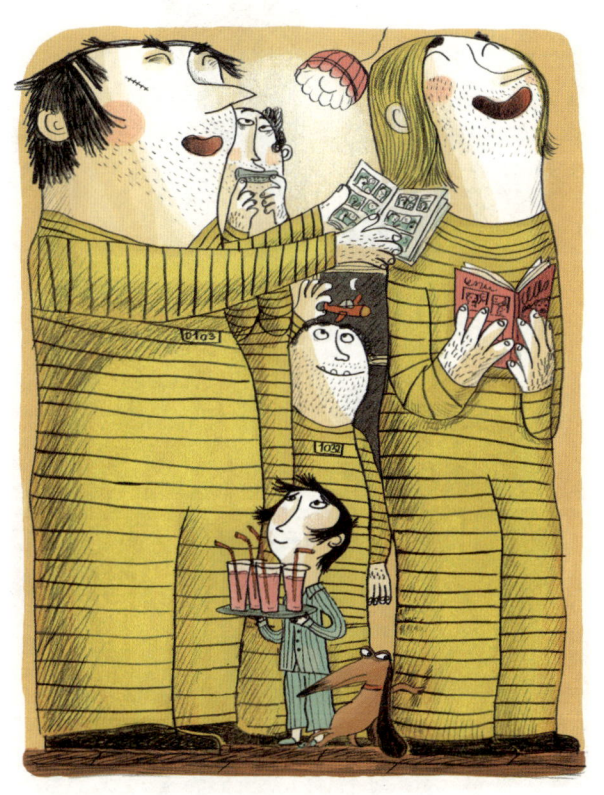

几个囚犯从附近的监狱逃出来了，
躲在我的房间里不肯出来。

我家的柴火用光了，我只好献出作业本来取暖。

家里的木柴烧光了，
我只好奉献出练习本来烧火取暖。

有人问弗洛伊德，怎样才可以过快乐而且有成效的一生？

他的回答是：Lieben und Arbeiten（意为"爱与工作"）。

心理学家大卫·艾肯在后面加了一个词 Spielen，也就是"玩"。在艾肯的理论中，"爱"、"工作"（努力）与"玩耍"构成了人生的金三角：一个人成年之后的悲剧，就是将三者分离开，或者三缺一。爱、工作却无玩耍，容易身心疲惫，抑郁不欢；爱、玩耍却不工作，则不长进，游戏人生；工作、玩耍而无爱，则生命缺失意义。

但是，在一个人的童年，爱、工作与玩耍却是很自然地交织在一起的。当孩子们用蜡笔画一幅画，他们学会了颜色如何混合；当他们用积木搭造出一个城堡，他们理解了结构与稳定性；当他们用小珠子编成一串手链，他们懂得了对称与花样。

当他们玩"大富翁"或西洋跳棋时，他们学会的不仅是策略，还包括如何阅读别人的身体语言和语气，并从别人的眼睛中认识自己。当他们玩捉迷藏时，他们学会了如何制定、遵守规则，和互相尊重。这种自发自在的玩耍（与大人组织的活动或者寓教于乐的教学不同）是孩子学习和理解周围世界的最基本模式，而且，他们热爱这个过程，从中获得了无穷的乐趣。

在玩这件事情上，我们也许真的应该以孩子为师，不是因为他们比我们更开放，或者更自由，而是因为他们不得不生活在一个更为受限的世界里。这个世界并非为他们而设计，这个世界首要关心的也不是他们的愿望与福利，所以他们必须对这个世界的限制做出更多的妥协和调整。这是"玩",也是智慧。

其实,这个世界又何尝是为我们成年人而设计的呢?

博格斯特说,人类的很多悲剧都来自傲慢,仿佛宇宙是为人类而存在的,而很少想到,其实宇宙并不怎么关心人类的意志,而我们与世界的相遇之处,谈判能力其实相当有限。

所以,我们应该反过来想一想,我们应该如何生活在一个有限的系统之内?我们未必喜欢,但至少承认这些边界和限制是真实存在的,而我们对世界的反应都在它的结构之内。所以,游戏能启发我们的,并不是对于这个世界成功的掌握,而恰恰是那种掌控的虚妄感。我们玩游戏,并不是因为现实世界不好玩、不幸福,而是因为我们需要游戏帮助我们发现和欣赏这个现实世界真正的乐趣与意义所在。

狼、鸭子和老鼠——诗意的信仰

一天早上,一只老鼠遇到了一头狼。

狼一口就把它吞掉了。

是不是很奇突的一个开头?

午饭他们做了汤。

老鼠清了清嗓子。
"你想念外面吗?"
"不想!"鸭子说。

老鼠很害怕,觉得一切都完蛋了,真是一场灾难。

但这时候,黑暗里有个声音说,"喂,安静点!我正想睡觉呢"。

就这样,老鼠遇到了鸭子。鸭子躺在床上,床单是洁白的,他穿着干净的睡衣,戴着干净的睡毛,手中举着蜡烛。

然后,他们一起坐下来享用一顿烛光早餐,桌子上铺着漂亮的桌布,桌上有面包、果酱、咖啡,墙上还挂着一幅画,画上是一朵橘色的小花。

然后,他们穿着围裙,一起做起了午餐,老鼠在切胡萝卜、切洋葱,鸭子在尝一锅正在冒着热气的汤。这是一个非常古怪、非常搞笑的画面。它们后面的墙上还挂着各种看着很精致的厨具,刀、菜板、大勺子。

你看,原来鸭子在狼肚子里过着一种相当舒适、相当体面的生活,衣服、食物、家具、音乐,都是中产阶级的标配。

老鼠问鸭子,会不会想念外面的世界?

鸭子说,"我在外面的时候,每天都担心被狼吞掉。在这里就不用担心了"。

老鼠想了想,觉得很有道理,就决定一起留下来。于是他们跳舞庆祝。他们在里面这么一闹腾,狼的肚子就开始疼了,引来了猎人,差点被猎人开枪打死。

在危急关头,老鼠带着鸭子冲了出来,吓跑了猎人,保卫了他们的家园。

狼表示感激，并答应实现他们的一个愿望。

他们的愿望是什么？您大概也猜到了。他们要求回到狼的肚子里去。

这个故事最好玩的地方在结尾。作者把整个故事总结成了一个问题：你知道为什么狼每天晚上要对着月亮"嗷呜嗷呜"号叫吗？

所以，以后如果有孩子问你，为什么狼对着月亮号叫？你就可以告诉他，狼的肚子里住着一只鸭子和老鼠，他们天天开 party，害得他肚子疼，疼得受不了的狼只能对着月亮号叫。

好了，就是这样一个荒唐搞笑的故事。你可以把它看成是一个倒霉蛋人生逆袭的故事——多好，人生一个惊喜接着一个惊喜。我给几个小朋友讲过这个故事，都笑得前俯后仰，我自己每次看，也是每次都差点笑出眼泪。比如他们一起举杯，"为狼的健康干杯"；比如狼肚子疼，他们建议狼去弄点乳酪、红酒和蜡烛……

我之所以在这里选择跟大家讲这本书，是因为当时给孩子读这本书时，心里有一种特别强烈的愿望——真希望鸭子和老鼠在狼肚子里永远快乐地生活在一起。

这种愿望太孩子气了，作为一个中年人是否应该感到羞愧？

但从另一个角度来说，孩子们对虚构事物的欣然接受是多美好的一件事啊！这本书的作者麦克·巴内特曾经说过，"那些我们承认从未发生过的虚构事物中，也蕴含着深刻的真理。它既是真的，又不是真的。孩子们更善于信以为真，更善于跨越相信与不相信之间的界限"。

这就是所谓"诗意的信仰"。对成年人来说,是早已失落的东西。

小孩子看什么东西都觉得新鲜、好玩、神奇,于是冒出来各种各样的问题,天为什么是蓝的?风从哪里来?雨从哪里来?人为什么会死?

神奇的对立面是"理所当然"。我们成年人大多就是生活在"理所当然"的世界里——长大了以后,每天重复着同样的事情,神奇的事情就越来越少,理所当然的事情越来越多。

100多年前,德国思想家马克斯·韦伯就说,这个世界被"祛魅"了。经过数千年的科学进步,以理智化为特征的新时代业已来到。在今天的时代,人们拥有这样的知识或信念——只要人们想知道,任何时候都能够知道。从原则上说,再也没有什么神秘莫测、无法计算的力量在起作用,人们可以通过计算掌握一切。简单点说,就是我们生活在一个可解释、可预测的无聊的世界,这里没有神秘、奇妙与魔法的位置。

但是,我们还是会怀念那些神秘的、神奇的魔法一样的东西。为什么?

什么是诗意的信仰?就是当你听一个故事,无论那个故事如何怪异,如何不合逻辑、不合情理,在现实世界中毫无发生的可能,你还是从虚构中瞥到了某些真相。这个真相也许与外部世界毫无关系,却事关你内心最隐秘、最脆弱的部分,所以你觉得它比科学真理还要真。

　　老鼠初被吞进狼肚子里的绝望，是我们都遭遇过的绝望；狼肚子里有多黑暗，鸭子点起的蜡烛就有多明亮，是人生峰回路转的惊喜，也是所有友谊初相遇时的惊喜；老鼠和鸭子在狼肚子里享用的食物、音乐、派对，是在提醒我们生活的喜悦，你完全能理解鸭子和老鼠捍卫自己生活的勇气。也许，你还会对"到底什么是好生活"产生些许困惑。

　　跟孩子一起读这些故事，就好像在日常的理所当然的世界里，突然出现一个从不同角度照射过来的光源，让我们对以前视而不见的东西有了新的关心。如果和孩子一起感慨"好神奇啊"，我们的生活也会变得更有趣、更丰富一点。

少年侦探的洞察力

在最好的儿童侦探小说中,小主人公常常介于童年与成年之间,他们向往成年人世界的逻辑与秩序,但是最终帮助他们解决难题的,却是孩子特有的观察世界的视角与想象力。这样侦探的过程,不只是解开线索的过程,更是一个成长的过程。

对少年侦探而言,侦破谜团的过程同时也涉及与各个方面的探索:与成年人之间的关系,对世界的理解,以及自身身份的构建。

美国作家罗杰·罗森布拉特曾经提起小时候做过的一个梦。他梦见自己是一只猫头鹰,同时又是一个侦探,在城市的街头拦住一辆出租车,对司机说,"跟着前面那辆车",然后随着出租车驶入纽约的黑夜。

我们小时候绝对不会做这样的梦,因为侦探故事不是我们童年日常经验的一部分。我们看过《小兵张嘎》之类的抗日小英雄的故事,那些少年英雄的机智勇敢之处也不亚于成年人,但他们黑白分明、道德感清晰,他们的世界里绝不会有猫头鹰这样奇怪暧昧、象征着某种潜意识的意象。而侦探小说的魅力，似乎很大程度上就是构建在这种暧昧与复杂的隐喻之上的。

《万古》杂志（*Aeon*）上有一篇文章，谈现代侦探故事之所以流行，是因为这些侦探是现代人的萨满或牧师。侦探小说兴盛于18世纪中叶的英国，而当时的英国教会正受到科学的强烈冲击，比如达尔文的《物种起源》前所未有地削弱了教会的权威，留下了一个文化的真空，在一个快速变化、充满新的危险与问题的世界，虚构的侦探们登场了。

"他们是解决问题的人，是重建秩序的人。面对最可怕的犯罪（还有什么比谋杀更令人产生存在主义意义上的困扰），是侦探为我们提供最急迫的答案：不仅告诉我们是谁干的，还有怎么做的、为什么，以及这一切意味着什么。"

"侦探带我们走上一段探寻之路，发现证据的碎片，寻找线索与暗示。在最好的侦探故事里，我们能看到侦探看到的一切，却偏偏无法解开谜题。只有在侦探最后的华丽揭秘中，才恍然大悟。我们需要他，他的知识与能力，来理解这个混乱的世界。"

但是，很少有人关心他们是怎么来的，或者说，大侦探是如何长成的。在绝大部分的侦探小说中，侦探的童年都是缺席的。福尔摩斯也好，波洛也好，他们的童年几乎从未被提及。福尔摩斯的洞察力、波洛的推理、马普尔小姐对于人间八卦的敏锐、马洛的勇气和荣誉感，这些现代"侦探"最可贵的品质似乎都是与生俱来的。

没有人问过，7岁的福尔摩斯是什么样的人？8岁的波洛呢？9岁的马普尔呢？13岁的马洛呢？

福尔摩斯有一群由街头小流浪儿组成的耳目，号称"贝克街小分队"，经常为福尔摩斯收集信息，协助他解决过不少案件，就因为他们小，不起眼，也因为他们独特的孩子的目光，能发现成年人目光之外的东西。

"这些小家伙里一个人的工作成绩，要比一打官方侦探的还要好。官方人士一露面，人家就闭口不言了。可是，这些小家伙什么地方都能去，什么事都能打听到。他们很机灵，就像针尖一样，无缝不入。他们就是缺个人来组织。"

福尔摩斯的这句话道出了孩子作为侦探最大的优势——他们观察世界的视角不同于成年人。

诺贝尔奖得主丹尼尔·卡尼曼在《思考，快与慢》一书中将我们的大脑划分为两个系统——系统1依赖情感、经验和直觉，它的速度很快，不需要有意识的努力和思考，使我们能够迅速对眼前的情况做出反应；系统2则通过调动注意力来分析和解决问题，并做出决定，它比较慢，但更慎重、周密、有逻辑，因此在认知上需要付出更多的努力。

从表面上看，孩子的思维方式似乎更接近系统1，限于大脑发育的进度，他们尚不具备一个成年人的逻辑与理性能力，但就其开放性而言，孩子的思维方式更接近系统2——他们对世界的运作方式缺乏经验，因此也就有着更多本能的好奇与怀疑精神，尤其是对那些神秘的、黑暗的、禁忌的甚至恐怖的地带，常常有着比成年人更强烈的一探究竟的欲望与勇气。

所以，在最好的儿童侦探小说中，小主人公常常介于童年与成年之间，他们向往成年人世界的逻辑与秩序，但是最终帮助他们解决难题的，却是孩子特有的观察世界的视角与想象力。

儿童文学史上出过不少著名的小侦探，比如凯斯特纳的埃米尔、林格伦的小卡莱、爱德华·史崔特梅尔的神探南希等。但今天我想介绍的是《胡椒罐大楼的小侦探》。

这套书的主角是一个叫欧杜琳的小姑娘，聪慧、优雅、充满好奇心。她住在胡椒罐大楼24楼一个巨大的公寓里。她的父母是收藏家，经常周游世界，留下欧杜琳一个人在家，只是不断地给她寄来收藏品和明信片表示思念。他们还安排了各种专业人士，为她做饭、叠衣、拉窗帘、洗衣服、替换灯泡、拍松枕头、擦亮门把手等。

有点像那位住在纽约广场饭店顶层的著名的混世小魔王艾洛伊斯。同样是上层阶级少女，父母不在身边，被保姆和宠物环绕，在各种高档酒店和专卖店里随意挂账，穿迪奥的设计师们专门设计的衣服，四处环球旅行……

但艾洛伊斯是一个纯粹意义上的孩子，她天真无邪，无法无天，在肆无忌惮的想象力的驱使下，将自己的世界和大人的世界都搅成一团乱麻。相比之下，欧杜琳的生活虽然自由，却并不散漫，甚至有一种颇为优雅的秩序感。

父母寄回来的明信片和收藏品，面具、帽子、钟表、贝壳、袖珍画、捕蝶网以及各种瓶瓶罐罐，欧杜琳都分门类、整整齐齐地整理和保管好。

每一天，她都有固定的衣着搭配。周一戴墨镜，周二穿外套，周三穿背带裤，周四戴耳罩，周五穿针织套衫，周六戴遮阳帽，周日戴搞笑眼镜（仅限室内）。

每个大侦探都应该有怪癖，欧杜琳喜欢收藏奇怪的鞋子。每次买回来一双新鞋子，她都穿上一只，留下另一只（作者作为一位中年胖子，对于鞋子的想象力也真的很令人啧啧称奇）。

作为侦探，偷听和伪装是欧杜琳的两大法宝，都是小姑娘的最爱。

她喜欢躲在地下室的洗衣房里，偷听天花板的管道里传来的声音，可以了解公寓楼里发生的有趣的事情。

> 吃过晚餐，欧杜琳来到了胡椒罐大楼地下室的洗衣间。
> 欧杜琳喜欢自己动手洗衣服有两个原因。第一，她喜欢洗衣机……

就伪装而言，欧杜琳甚至有诡计学院颁发的文凭。在《奇妙的挪威之旅》中，欧杜琳帮助可怜的"大脚怪"逃脱怪物巡查员追捕的方式，是把它打扮成一个看上去很体面的冒险家——阿波克隆比先生。小孩子过家家的游戏也可以变成侦探的妙计。

当然，欧杜琳还有芒罗先生。福尔摩斯怎么能没有华生先生呢？

芒罗先生来自挪威沼泽地，是一个浑身长着毛的奇怪的小矮人。欧杜琳的父母发现了他，并将他带回家，陪伴欧杜琳长大。他不喜欢雨天，最讨厌梳头。但欧杜琳焦虑，或者需要思考的时候，总是喜欢给芒罗先生梳头。就像福尔摩斯先生遇到棘手的问题，总是坐在安乐椅上，点起一根烟斗，闭上眼睛，十指交叉，一副闲人勿扰的样子。

在没有父母的日子里，他们相依为命，一起在城市里漫游，寻找各种奇怪的线索；他们观察人们的生活，并在小本子上画下来，

从城市的水洼地图、新认识的地下室的熊,到各种灵光一现的理论与妙计。

成年人常常意识不到画画对孩子的意义,不在于技巧,而在于观察方式。就像一位画家说的,"画画这件事情,不在于你画得有多好,而是一旦开始画画,观看的方式就改变了。你开始学会展平和扩展空间,以心之眼观察它,而不是像照相机那样捕捉它,并注意到它与周围时空之间的关系"。也就是说,画画让一个人的目光变得丰富。如果你仔细看欧杜琳的笔记本,会充分意识到这一点。

《大黄猫的秘密》里,城市里屡发盗窃案,警方毫无头绪,但欧杜琳从芒罗先生找到的寻狗启事和她自己在报纸上看到的盗窃案受害者照片中发现了关联。只有孩子的眼睛才会关心一只狗的长相。

也只有孩子的目光,才能看到另一个孩子的孤独。不论欧杜琳的父母做了多少精心的安排,各个服务公司提供了多么周到的服务,欧杜琳还是很孤独。每次收到父母的明信片,她都得一遍遍地为芒罗先生梳头发,才能心情好一点。

小小的欧杜琳睡在那张大得不像话的床上,芒罗先生独自站在高高的胡椒罐大楼的楼顶,都是孤独的孩子的意象。《不可思议的学校》里闹得整个校园人心惶惶的所谓"恶马的诅咒",到谜底揭开,原来是一个孤独的小姑娘渴望父母的关爱,希望他们早点来接她回家。

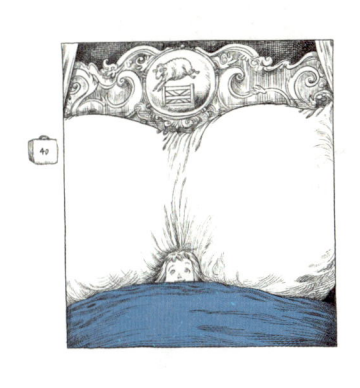

那天晚上,欧杜琳激动得睡不着觉。她从来没有上过学,只是在家里完成爸爸妈妈——布朗教授夫妇每周寄来的作业。

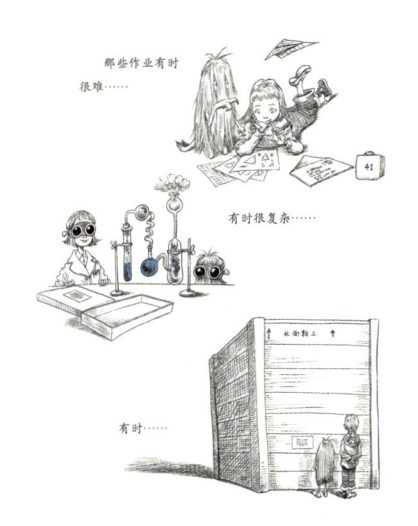

那些作业有时很难……

有时很复杂……

有时……

《奇妙的挪威之旅》中,欧杜琳根据芒罗先生留下的线索,从天空到海洋,再到陌生的岛屿,不怕各种危险和困难也要找到好朋友,这是对友情最执着的坚守。对她而言,侦探的过程,不只是解开线索的过程,更是一个成长的过程。

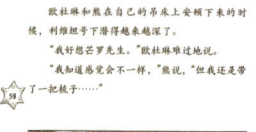

为什么我们喜欢消费"坏爸爸"?

在一声声"爸爸"背后,孩子们在期待的,到底是什么?在亲子关系中,到底什么只能是父亲给予,而母亲无法给予的?

几年前,《大西洋月刊》(The Atlantic)上有一篇文章名叫《为什么那些卡通妈妈都死了》,谈到近年来好莱坞动画电影的弑母倾向——尼莫的妈妈被梭鱼吃掉了,《熊的传说》里的熊妈妈被标枪刺死,《功夫熊猫》里阿宝妈妈被一只权力欲膨胀的孔雀杀了,《小美人鱼》里爱丽尔的妈妈被海盗船撞死,《冰河世纪》里人类小娃娃的妈妈被剑虎追至瀑布掉入悬崖而死……

以前,这种情节的设置是引出"邪恶的后母",现在的代替者则是"有趣的好父亲"。他可能一开始有点过于挑剔(《小鸡快跑》)或者不情不愿(《冰河世纪》),他也许是个暴君(《小美人鱼》)或无恶不作的恶棍(《神偷奶爸》),他可能和孩子不是一个物种(《功夫熊猫》),他甚至可能是杀死孩子母亲的凶手(《熊的传说》,但无论一开始他有多坏,多愚蠢,多笨拙,最终都会变成一个好爸爸。

这篇文章的作者从女性主义的立场谴责好莱坞甚至美国男性社会对母亲的恶意与嫉妒，但如果从现代社会对父亲角色期待的转变来看这个现象，是不是能得出更有趣的结论呢？

比如，我们为什么这么喜欢消费"坏爸爸"，尤其是"蠢爸爸"呢？一个菜鸟父亲笨手笨脚地给婴儿换尿包，这种事情似乎特别能激发女性看好戏的心情，甚至是某种潜藏的母性（只要你不是那个婴儿的母亲），或者抚慰男性某些不自觉的委屈——家庭生活中所有这些琐碎和日常，都是我的忍耐、我的责任，而非我的享受、我的幸福。

为什么没有人看到我的牺牲？就像《了不起的狐狸爸爸》里，狐狸爸爸为孩子放弃了偷鸡的营生和本性，也算是个"好爸爸"了。但总有一天，存在主义式的焦虑袭来，他又会想去隔壁的农场里偷只鸡回来，哪怕冒着全家人的生命危险。即便如此，他仍然是"了不起的狐狸爸爸"。

对于"坏爸爸"的刻板印象如此深入人心，就好像孩子与男性气质之间是一对根本矛盾，可怜的父亲们被稀里糊涂地困在了一种本不属于他们自己的生活里。但仔细想一想，现代社会关于"好爸爸"的许多期待与想象，不也是从这种关于性别的基本偏见中生发出来的吗？比如作为女性的母亲指向内部世界，作为男性的父亲则指向外部世界。母亲的职责是为孩子提供稳定和安全感，父亲的职责是鼓励孩子的自主与独立。母亲倾向于过度保护，父亲则往往鼓励孩子自由探索，所以父亲是孩子挣脱对母亲过度依恋的关键力量。

听起来都很有道理，不是吗？这几年，每到父亲节，我都会收到一大批关于父亲主题的绘本，《爸爸和我》、《我和爸爸》、《爸爸爱我》、《世界上最好的爸爸》、《爸爸带我看宇宙》、《爸爸，我要月亮》……但总结起来，基本上就两种爸爸，一种是换个尿布都难的**蠢爸爸**（当然，**蠢爸爸**有变成完美爸爸的潜质），一种是搬起一把梯子随时就能为女儿摘月亮的完美爸爸。母亲的委屈和父亲的负罪感都是巨大的商机，但这样巨大的商机背后，关于父亲的困惑仍然得不到解答。在一声声"爸爸"背后，孩子们在期待的，到底是什么？在亲子关系中，到底什么只能是父亲给予，而母亲无法给予的？

其实，美国人类学家玛格丽特·米德很早就说过了，母亲是生物学的必需，而父亲是社会学的发明。一个男人成为父亲，的确不像一个女人成为母亲那样来得自然。一个女人从十二三岁开始就意识到自己身体的各种变化是为将来生孩子做准备，但男人往往是被动成为一个父亲的，在有人给他怀里塞一个婴儿之前，他无法理解其中的意义。但是，当一个男人怀里被塞了一个婴儿之后呢？是从哪一刻起，他才真正成为一名父亲？

在《园丁与木匠》一书中，美国心理学家艾莉森·高普尼克用了很长的篇幅谈论父亲在人类育儿事业中的特殊性。父亲参与照顾孩子这件事情在动物界的确是很罕见的。事实上，固定配偶关系本身就是异类。DNA 的新证据显示，几乎所有动物都有多个性伴侣。构成固定配偶关系的动物很少，鸟类中有一些，但哺乳动物中极少，猿类中只有长臂猿和我们人类。

配偶关系是什么意思呢？就是两个动物之间不仅发生性关系，而且共同生活，一起照顾孩子。这种关系未必持续终身，但至少要延续一到两个交配期。这里的重点不是你有一个或者两个伴侣，而是这种合作本身。

那么，人类这种配偶关系是怎么发展出来的呢？

对男性来说，攻击性强、到处睡、睡完就走是比较符合进化原则的，有利于基因传播。但从女性的角度来说，选择攻击性较弱又能对孩子有较多投入的男性，则更符合她的利益。而且孩子越需要照顾，这样的策略就有效。于是那种看上去比较软弱但有爱心的男性就有了进化优势。所以，人类的配偶关系与父方投入之间是有很大关联的。而且，这跟人类的童年期越来越长，需要越来越多的照顾显然也有很大的关系。

其实，与情侣之间的爱一样，父母对孩子的爱里，也有一种类似幻觉的东西。所谓"情人眼里出西施"，而父母看自己的孩子也总觉得是天下无双，好看得不行，可爱得不行，想要一口吞下去。二者之间的生化基础都很相似，都是由催产素驱动。大脑中分泌的催产素和相关的化学物质负责产生爱、依恋以及温暖的情感。

鸟类会对出生后看到的第一个移动的物体产生依恋，这是一种简单的情感策略。人类要复杂一点，第一眼看到、第一次触摸是不够的，必须有长期照顾的经验本身。生物学家说，人类父亲是偶发性的照顾者。根据不同情况，他们对孩子可能会完全投入，也可能完全无视。其中关键的差别就在于照顾的经验本身，也就是说，父爱作为一种亲密关系是在照顾一个孩子的过程中产生的。有很多研究表明，父亲在照顾婴儿的时候会降低睾丸激素的分泌水平，以及相应的攻击性与愤怒。

一位荷兰童书作家曾经告诉我，拥有孩子可能是一个男人一生中最脆弱的瞬间。

"一旦有了孩子，你就无法想象没有他的生活是什么样子的。他会在你身上开启一个新的情感空间，改变你看世界的方式。你对周围事物的感受会更深，你以前可能只感受过罗曼蒂克的爱，但这种强烈的想要保护一个人的感觉是全新的。你想做世界上最好的爸爸，但又觉得不可能有耐心应付他们时时刻刻的需求……"

父亲们想不到的是，很可能正是孩子时时刻刻的需求本身制造了"父爱"这种情感。从这个角度来说，好莱坞动画里那些"杀死妈妈"的策略也许真的是有效的。母亲的一定程度的缺席，会令父亲与孩子之间的关系变得单纯而直接，从而为一个父亲的养成留出一定的空间。

我觉得所有的父亲都应该读一读《爸爸和朱利安、小兔子巴尼在一起的二十天》。书中的"爸爸"是纳撒尼尔·霍桑，19 世纪美国最伟大的小说家。在这本小书之前,我对他唯一的了解就是他写过《红字》,一部宗教意味极浓的爱情悲剧,书中弥漫着一种令人窒息的压抑感,而那位牧师就是我对作者的印象——一个阴郁的道德家。

这本书却是一部轻喜剧:1851年的夏天,因为妻子远行,霍桑不得不与他5岁的儿子朱利安单独度过二十天时间,与他们做伴的还有朱利安的宠物小兔子巴尼。若非他巨细无遗的记录,你简直难以想象,短短二十天的时间,一个男孩的生命里会发生那么多令人抓狂的事情,尿床、胃疼、爬树、被蜜蜂蛰、一只宠物的死亡……

于是,我们看到一个父亲与一个孩子的日常相处中难以言喻的苦乐参半、爱恨交织。比如儿子有一只宠物小兔子,却疏于照顾,小兔子的吃喝拉撒全落在做父亲的头上,"我感到一阵强烈的邪魔诱惑——想把它悄悄干掉,我也全心全意地希望彼得斯太太能把它淹死"。

不受欢迎的访客到来,父亲心中暗暗发狂,儿子却根本不予理会,好像这个访客根本不存在,"这份镇定让我除了妒忌还是妒忌"。

有时候,他觉得儿子随口说出的一句话都美妙如诗,有时候又被儿子的喋喋不休逼疯。"老天啊,有人像我这样被孩子说话蹂躏过吗?"

……

美国作家保罗·奥斯特为这本薄薄的小书写了一篇长长的序言,称赞这本笔记小品的种种美妙之处,而其中最为难得的是,"用简洁、不动声色的方式，作者霍桑最终做到了每个父母都梦想做到的事情：让他的孩子永葆童真"。

奥斯特没有想到的是，霍桑的儿子同样做到了每个孩子都梦想做到的事情：短短20天的时间里，以及之前之后的漫长岁月里，他与父亲相处的每一个瞬间，单调沉闷也好，明朗欢快也好，都是一段美好的父子之爱。这种亲密关系虽然迥异于母爱，但自有母爱所不及的浪漫与美妙之处。

那个叫朱利安的男孩后来也成了一名作家，出版了一本书《纳撒尼尔·霍桑和他的妻子》，从《爸爸和米利安、小兔子巴尼在一起的二十天》中摘录了一些片段，评论说他单独与父亲度过的这三周："对于霍桑，有时候想必是很厌烦的，但对一个小男孩，那是一段连续不断的幸福时光。"

千万别让鸽子开巴士

巴士司机临时有事,离开前特别嘱咐读者,千万"别让鸽子开巴士!"

为了得到你的同意，鸽子会诡计百出，摆事实、讲道理、拍马屁、套近乎、灌鸡汤、讨价还价、撒泼打滚……

"我表兄赫伯几乎每天都开大巴。"

"我会做你最好的朋友。"

"给你五块钱怎么样？"

但是，小朋友必须一次次坚定地说"不"。

《别让鸽子开巴士！》的作者叫莫·威廉斯。这个作者很有意思，一般的绘本到最后总是让孩子得到他想要的东西，但威廉斯的绘本里，鸽子开不成巴士，就是开不成，到最后也没开成；鸽子不能养宠物，就是不能养；大象不能跳舞，到最后也不会跳舞。

很显然，小鸽子是个小无赖。这个世界有很多他想要的东西，想要开巴士，想要只宠物，想要个有果仁的饼干；也有很多他不想做的事情，比如睡觉啦，洗澡啦，上学啦。问题是，他好像总是得不到他想要的东西，又总是被逼着干他不想做的事情。所以，他对这个世界有很多不满，很多的愤怒，觉得这个世界特别不公平，谁都跟他对着干。

其实，大部分小孩子对鸽子的欲望和挫败感都是很有共鸣的，因为他们总是被人说，你该什么时候睡觉，该吃什么，该穿什么……还总是会有更小更萌的小小孩，争夺大人的爱和注意力，就像《鸭子弄到一块饼干！？》里那只黄色的小鸭子，"凭什么它只要问一下就要来了带果仁的饼干？我一直在问人家要这要那的，我得到了吗？

世界太不公平了!"

　　但是,很反讽的是,一旦他们被安在父母的位置上,放在那个说"不"的位置,他们就很高兴地扮演起了那个说"不"的人的角色。毕竟,说"不"是一种权力。而权力的滋味是很美妙的。

　　"淘气小鸽子"这套书曾经是我家虫虫的最爱,每天晚上都要读。不仅要读,还要很夸张地表演出来。莫·威廉斯的书都特别适合演出来,而不只是读出来。而且,他的画很简单,每个孩子都能照着画。他常常说,他希望他的故事,他自己完成49%,剩下的51%交给孩子。

　　总之,对于鸽子的胡搅蛮缠,虫虫每次都说"不",而且说得特别开心,斩钉截铁。

　　英国童书作家罗尔德·达尔喜欢将大人与孩子之间的关系视为一场战争,而且是一场你死我活的战争。他曾经说,大人如果真想了解孩子,最好的办法是跪着生活一个星期,他就会知道生活在一个大人国度里的小孩是什么感觉。小人儿为了在巨人的领地上生存,得需要多大的智慧和勇气。

　　我记得有一次,我跟一位英国童书作家争论,我试图提醒他,其实成年人也挺难的,尤其是为人父母者,他们时常觉得自己才是被占领的那一方,活在一个其实并非属于自己的世界里。他立刻回答说,"哦,不,我对大人完全没有同情,一点都没有"。

　　他说,"孩子生来就是完美的。作为成年人,我们需要做的,就是要爱他们,宠他们,对他们的淘气睁只眼闭只眼(除了不让他们做蠢事伤到自己），孩子就应该这样长大，然后他们再这样养育他们自己的孩子。人类的文明就是这样延续的"。

但我想，《别让鸽子开巴士！》这样的故事，提供了一种身份对调的游戏——讲故事的父母要代入小鸽子的角色，而听故事的孩子代入的是父母的角色——对于父母与孩子之间的互相理解，应该是很有益处的。

就孩子而言，当然是初尝权力的滋味，但他们多少也能理解为什么父母一再地说不。毕竟，你真的不能让一个五岁的小朋友开巴士啊。

作为父母，在鸽子花样百出、强词夺理的辩解里，你会忍不住为他感到难过，感到某种深层的挫败感，甚至欣赏他的锲而不舍的韧性和胡搅蛮缠的想象力。他得多想开那个巴士，才会找出这么多借口啊。

最近这位作者又写了一本《鸽子必须得去上学》，中文版还没有出，讲鸽子得去上学了，它一脸郁闷，"我去学校干吗？我已经什么都知道了。万一学得太多怎么办？"

威廉斯是一个很有趣的童书作家，按照图书的分类，他的作品基本上都会被放到低幼书里面去，他自己也说过，他所有的书都像是给5岁小孩写的。

但是，5岁是一个人最哲学的年纪。你也没什么用，也不用付房租，但你问很多很深奥的问题，什么是爱？什么是公平？为什么世界是这个样子的？为什么世界不能是另外一种样子？为什么我不能得到我想要的东西？为什么我不能开巴士？

非常存在主义的问题，关于爱、嫉妒、失去、公平。这些问题，我们从 5 岁开始问，到 50 岁仍然没有答案。我想，只要我们没有忘记这些问题，这些关于人生的基本问题，也没有放弃追寻这些问题的答案，那么，我们与孩子之间在精神上就会始终有一根纽带，维系我们之间的爱、信任与宽容。无论将来我们的关系遭受怎样的风雨，我们都能一起走过。

美丽的错误——错误通往创造力

　　几年前，我采访过一个叫俄温·托斯特的童书作家。看他画画，是一个非常奇妙的过程。他喜欢从一个失误开始，比如一个无意间滴落的墨渍，他的钢笔在墨渍中来回勾勒几下，墨渍很快成了一个鼻尖，然后线条继续往上走，勾勒出小小的耳朵、眼睛，隐约可以看出是一张小狗的脸。然后他盯着那只小狗看了一会儿，自言自语地说："他看起来有点忧郁。"

　　在这位挪威绘本画家眼中，这样的绘画过程中有最大的自由，没有计划，不加思考，完全跟随手的动作和本能的直觉。一个点也好，一根线条也好，一个裂痕也好，一个洞洞也好，都是一个有趣的起点，可以拿来玩点什么，看看会有什么奇怪的事情发生，期待有什么惊喜出现。比如有一天，他突然奇想，从素描本正中心戳了一个洞，然后开始绕着这个洞画画。这个小小的游戏最后变成了他最成功的一部作品《洞》，关于"有"与"无"的存在主义冥想。

其实，很多绘本作家都喜欢玩这种游戏，比如美国童书作家克罗格特·约翰逊的《阿罗有支彩色笔》，小小的阿罗手中握一支神奇蜡笔，天上没有月亮就画一个月亮，地上没有路就画一条路……现实变成了一个随走随画的游戏。

英国童书作家安东尼·布朗推崇的"形状游戏"则是两个人玩的游戏，一个人先随手画个抽象图形，另一个人用不同颜色的笔把它变成一个全新的东西，两个人的思维在同一张纸上发生奇妙的碰撞和化学反应，比如一条腿可以变成海盗船。

法国插画家塞尔日·布洛克最喜欢的游戏是"线条和各种偶然的东西相遇"，随手捡到的纸条、螺丝钉、手机、勺子、西兰花、鸡蛋，添上几笔看似简单随意的线条，戏剧性一下子就出来了，而且线条与实物之间，一轻一重、一抽象一具体，构成了一种奇妙的对比。他说，这是一个人的思维在图画中散步的方式，也是一种诗歌式的表达。

我读这套《巴尼·萨尔茨堡创意立体翻翻书》，感觉这位作者是将这些画家们最热爱的游戏总结成了一套训练创造力的方法，但更重要的目标是，教孩子如何接纳错误，拥抱错误，每一个错误都可以变成美丽的东西。

其实,"错误"并不是一个太准确的词。英语原文中的 oops,更类似于"啊哦",糟啦,一不小心,出了点小状况,有一点点小尴尬,小失望,小小的不知所措。

人生充满了这样的这样小小的尴尬时刻。但这本书要给孩子传递的信息是,这些时刻不仅仅是 OK 的,而且是可喜可贺的,因为犯错可以很好玩,很美丽,很奇妙。发生在纸上的任何一个意外,并不会毁掉一幅画,而可以是一个新的机会,一次新发现的入口,一场创造力的冒险。一坨颜料洒出来,可以变成一只大象,一群小狗在睡觉,或者鸟儿一家在吃虫子。纸上撕了一个口子,原来是鳄鱼的大嘴巴。一块咖啡渍,如果你仔细看,是一只吃撑了正在打饱嗝的青蛙的轮廓……

巴尼·萨尔茨堡将这些训练称为"用手思考",一个手的动作,常常能激发大脑的激烈反应。很多人看到一张白纸的第一反应,都是愣在那里,不知从何入手。所以,他最经常用的一种方法就是,让一个人在一张白纸上胡乱涂一笔(既然是胡乱一涂,就不可能有对错),然后追随这一笔,看看它会如何与你对话,他认为这是一个释放潜意识的过程。在这个过程中,只要保持开放,保持宽容,允许歧义与模糊的存在,最终一切会变得明朗,你会找到你的角色,你的故事,也许不完美,但却是独属于你自己的声音,你自己的创造。

也就是说,在一个自由、开放、宽容的环境里,错误不仅不可怕,反而是通往创造力的起点。犯错,就像一场思维的漫游,在看似无边无际的迷惘中，你在观察，在思考，在提问，在想象，在推动自己走出舒适区，去冒险，去改变，去创造，去发现自己独特的声音。

而且，这种天真、自由和随性的创作方式本来就是孩子最自然的语言。就像安东尼·布朗说的，每个孩子都画画，他们本能地知道画画不是复制一个东西或者场景，而是交流，创造，运用视觉的想象力。

而且，孩子从不害怕把颜料涂在餐桌上，他们都喜欢涂画动物的形状，直到他们到了课堂上，开始学习符号，学习语言，更重要的是，他们有了互相攀比的概念，在种种挫败感中放弃了画画。但对他们今后的一生而言，这实在是一种巨大的损失。

尤其在今天，我们身处一个充满变革的世界。这种变化固然是一种威胁，从另外一种角度来看，却也是巨大的解放。旧的规则正在崩溃瓦解，没有人知道新规则是什么样子，我们唯一能做的就是不断想出新的方法来应对生命中不断变化的状况。

我曾经向美国艺术教育最重要的研究者之一艾伦·维纳教授请教，我们到底能从艺术中学到什么？她说，没有任何证据表明，学习艺术可以提高数学成绩，或者改善空间能力，或者提高任何学业成绩，但是，通过学习艺术，我们学会更好地看，更好地预见，更久地坚持，更有玩心，从错误中学习，做出批判性判断，并为这些判断辩护。你会知道，一个问题从来不是只有一个答案，或者一个解决方案。

Part4

孩子，让我带你去那花花世界

如何让孩子爱上音乐？

真正的音乐也是耳朵听不见的，只有内在的静谧与孤独，才能抵达那个奇妙的空间——在那里，世界窗明几净，时光低回，地平线向远方静静绵延伸展。寂静，不是停顿，不是空虚，更不是声音的缺席，而是身处喧嚣的世界，却能向内倾听的意识与能力。

"没有音乐，人生是一个错误。"这句话是尼采说的。

我向史特凡·马尔采夫先生请教："怎么才能让孩子爱上音乐呢？"他的回答让我很意外："最重要的是帮助他们一起找到寂静。"

马尔采夫是德国的一位作曲家，多年来一直致力于普及古典音乐，他曾经创作过一部儿童歌剧，还为两本绘本创作了音乐，那就是《放屁大象吹低音号》与《听，小蜗牛艾玛》。

那天下午，马尔采夫先生刚到北京没多久，我们约了在港澳中心瑞士酒店的咖啡厅里采访。咖啡厅里没有什么人，只有一个年轻的母亲在逗一个小婴儿玩。酒店大堂不知哪个角落传来淡淡的钢琴曲,若有若无。

"我们现在生活得太喧闹了,包括音乐。我们到处都能听到音乐,家里、大街上、商场里,但这些都不是真正的音乐。真正的音乐需要你深入到自己的内心才能听到。那才是属于你的音乐。外面的音乐不是你的音乐。"

怎么才能深入到自己的内心?

"通过寂静。"

他教我怎么在《听,小蜗牛艾玛》中辨认那些代表了寂静瞬间的音符。

《听,小蜗牛艾玛》是他与海蒂·雷能女士共同创作的一本音乐绘本,讲一只小蜗牛在森林里漫游,见识了各种各样的动物,各有各的神奇本领,唯有自己一无是处。但是,在朋友们的鼓励下,她终于发现了自己独一无二的才华。"这只小小的蜗牛身上有每个人都能认同的脆弱,尤其是孩子。我们都经历过这样的时刻,看到别人的成功,看到别人实现的梦想,似乎唯有我们自己,配不上这个世界的美好。"马尔采夫先生说。

他随意点开一段音乐。微弱但紧促的小提琴声响起,带着一点肃杀的味道。渐渐地,危险的气氛越来越浓,小提琴声越来越大,越来越激昂,伴着琴弦拨动的声音也越来越密,越来越快,仿佛一颗心要跳出胸腔。但不知从哪里开始,音乐渐渐转为轻柔,一点点慢下去,几个波折之后,终于消失。

然后，整个世界仿佛突然停顿下来，一片寂静无声。奇怪的是，危险的气氛并没有随着声音的消失而消失，而是久久地停留在空气里，让你忍不住怀疑，到底发生了什么？

原来，这一段音乐是讲述小蜗牛艾玛在沮丧之余，又遭遇天敌刺猬时极度紧张不安的心情。

"一个小小的轻柔的音符，可以制造非常戏剧化的效果。"马尔采夫说。

静默于音乐,就像留白于绘画,都是不可或缺的一部分。但在马尔采夫先生看来,寂静的意义并不仅仅是停顿、静止或者声音的缺席,而是有着极为丰富的表达情绪的可能性。有一些情绪与情感,当文字无法表达时,可以用音乐来表达,连音乐都无法表达时,还可以借助于寂静。

我们又打开另外一段音乐,低沉的大提琴的旋律响起,缓慢、忧伤,如泣如诉,一小段舒缓的钢琴曲过渡之后,音乐的风格渐渐转向明快、活泼,仿佛阳光突然穿透云层,为万物披上光彩。各种乐器的声音彼此呼应,变得越来越有力、自由、奔放。

在故事中,此时已是第二天清晨,艾玛一边回想昨日种种经历,一边自伤自怜。然后,鼹鼠马克西里米安出现了,提出要听她讲讲昨天的经历。于是,大家开始一起听她讲故事。

如果仔细聆听,你会发现,乐曲中几处情绪转折,都有几处轻轻的、不易觉察的停顿。一开始,艾玛很怀疑,你们真的要听我的故事吗?但是,在讲故事的过程中,她变得越来越有信心,讲得越来越流利,整个人也越发神采奕奕。直到故事讲完,又是一段长长的静默,周围一下子变得非常安静。

艾玛鼓起她全部的勇气，开始小声地讲了起来……
没过一会儿，艾玛的听众就不只有马克斯了，
好奇的听众不断地聚拢到他们周围。

艾玛扫视了一下四周，"就是毛毛虫了……"她低声说。
一只挥动着翅膀的蝴蝶对她喊："我早就来啦！"
艾玛笑了："现在你们明白了吧，毛毛虫真的会变戏法呢。"

艾玛接着讲了起来。她滔滔不绝地讲着，流利得连自己都感到吃惊。
她讲到了勤劳工作的蜗牛、翩翩起舞的蜻蜓，还有热爱音乐的螳螂吉普……
她讲得神采奕奕，一对小触角扑扑扑。

四周变得非常安静……
"你们……肯定觉得特无聊，对吗？"艾玛不安地问道。
"当然不是，"马克斯表示抗议，"你讲得既幽默又生动，我喜欢！"

"在这一刻，寂静非常重要，因为寂静告诉她，大家没觉得她无聊。恰恰相反，他们对她充满了兴味。这一刻她意识到，是的，我在这个世界上是被需要的——这是我们每个人都在追寻的瞬间。从那一刻开始，她感到了自由和强大。"

其实，作为一个对音乐一窍不通的人，在这篇文章的采访和写稿的过程中，我深为音乐中文字所无法描述的那部分而感到挫败。

美国女哲学家苏珊·朗格说："在人类所有的创造、所有的表达中，音乐是最特殊的一种。"

"音乐和语言不同，虽然它经常被比喻为语言。语言是以词语

为主要形式，表达固定的意义与关联，但音乐允许我们在它的形式中灌注自己的意义。"

"音乐的独特性在于它是符号，高度表达性的又是高度感官性的符号。它的结构如此灵活，可以表达语言无法表达的体验，包括那些极为微妙而复杂的感觉、情感、动作甚至生命本身。"

所以，只有在寂静中，你才能欣赏它们。寂静，不是停顿，不是空虚，更不是声音的缺席，而是身处喧嚣的世界，却能向内倾听的意识与能力。就像狐狸对小王子说的，"真正本质的东西是眼睛看不见的"。

真正的音乐也是耳朵听不见的，只有内在的静谧与孤独，才能抵达那个奇妙的空间——在那里，世界窗明几净，时光低回，地平线向远方静静绵延伸展。

怎么跟孩子逛博物馆

孩子们需要像一只小蚂蚁一样在画中散步，找一个角落坐下，细细体味其中的色彩、形状、光线和气氛。

因为周刊每年的博物馆专题，这几年每次去到一家著名的博物馆，我都会特别留意一下他们的儿童项目。比如大都会艺术博物馆有好几条专门的儿童导览路线，其中一条是埃及馆，你会看到孩子们坐在埃及馆的墓室壁画面前，有专门的老师教他们弹奏古埃及的乐器。埃及馆阴森的气氛，因为这些音乐，突然明快活泼起来。

在卢浮宫的雕塑馆，你会看到一群孩子站在美丽古老的雕塑面前，嘻嘻哈哈地模仿雕塑的动作，学阿波罗斗恶龙，学丘比特戏人马，学女神跳舞，他们的老师笑嘻嘻地站在一边，仿佛这种戏仿就是艺术原初的魔力。

卢浮宫于 1783 年对公众开放，与当时启蒙时代的一个理念有很大的关系——人都是理性的动物，所以人都能欣赏艺术，卢浮宫邀请人民来欣赏艺术，希望艺术能培养他们的理性、秩序，成为有美德的公民。

那么孩子呢?

20年前,父母带孩子来博物馆时还战战兢兢的,生怕孩子弄坏了博物馆里珍贵的收藏。但近年来,博物馆越来越将自己定位为"教育者"的身份,对孩子的参与也越来越重视,它们试图将博物馆的收藏与孩子的兴趣结合起来,不仅要有趣、好玩,还要有挑战性,比如在博物馆过夜、寻宝游戏等。任天堂就为卢浮宫开发过一款游戏,玩家的任务就是寻找古埃及馆里一只失踪的蓝色小河马。小河马在卢浮宫里到处乱跑,一会儿跑到蒙娜丽莎的头发里,一会儿跑到米罗的维纳斯的肩膀上,一会儿跑到国王弗朗索瓦一世的剑柄上……

2019年在卢浮宫采访的时候,我恰好遇到法国童书作家贝亚特丽斯·丰塔内尔。30年来,她一直在为孩子写作,写的内容都跟艺术有关。几年前,她在中国出版过一本《我的第一本艺术启蒙书》,内容倒没有特别之处,无非是向孩子介绍艺术史上最著名的一些艺术家与他们的作品,但她的写作方式里有特殊的生动与亲切之处,像一位深谙观看之道的邻家阿姨,陪着你在时间的长河里闲庭信步,娓娓道来,又陪着你驻足静立于一幅画前,提醒你凝视那些最美妙的细节。

我们约了在她家里采访。她家在巴黎第六区,离卢浮宫大概半个小时的车程。那两天赶上大罢工，打车很难，天气又冷，我们抖抖索索地到了她家。她满面笑容地出来开门，清瘦而优雅，戴一副厚厚的黑框眼镜。她是出了名的近视眼，欣赏艺术品时得凑得很近，有时会惹得博物馆报警器哔哔作响。

她给我们看她最新出版的一本书，是为奥赛博物馆写的。奥赛博物馆的收藏是法国19世纪后半期的艺术作品，尤其以印象派的收藏最多。她从奥赛的馆藏中选择了六幅画，为每幅画写了一个故事。每个故事的叙述者都是画中的某个角色，但她不告诉你是谁，而是让你根据画中的线索自己去猜测。比如雷诺阿的《红磨坊的舞会》，是一个小女孩在述说她在蒙马特高地的日常生活，母亲让她穿什么样的衣服，戴什么样的项链，还说她脚疼，上楼梯很费劲，这些都是小读者猜测她的身份的线索。

马克西米利安·吕斯的《圣米歇尔码头和巴黎圣母院》，则是一个小男孩在讲述自己的生活，他是一个卖报的小报童，正心急火燎地找自己丢失的贝雷帽，他讲述自己遇到的人，看到的风景，还差点被一个厨师揍了一顿……

这些故事都配有音频，除了故事，还有那个时代的音乐，那个时代巴黎各种市井生活的声音，塞纳河的流水声，巴黎圣母院的钟声，鸟啼虫鸣，孩子哭泣、奔跑的声音……

她的想法是，在去博物馆之前，让孩子先听故事，在他们的脑海里形成关于那幅画的具体想象。当他们来到真正的作品面前，就会意识到这个故事是发生在这里的。这时,孩子们可以坐在作品前,用很长的时间来仔细欣赏这幅作品。等他们回到家,晚上入睡前躺在床上,还可以再听一遍这个故事,重温这幅作品的细节,比如画家的笔触、颜料的厚度、画布的纬纱等。这样,视觉上的刺激与听觉上的体验层层叠叠,会在孩子的想象中构成一种美妙的通感,让他们更深地体会到整幅画想要表达的心境。

奥赛博物馆提供了高清图片,画面的每个细节、每个笔触都看得清清楚楚。这是贝亚特丽斯·丰塔内尔一直坚持的方法。多年前,她写过一本《卢浮宫的第一步》,教孩子怎么欣赏卢浮宫里的艺术品。那时候,她已经意识到对孩子而言画面细节的重要性,比如一幅关于耶稣诞生的宗教画,她会把背景中的断壁残垣放大,甚至到跟原画一样大的程度,让孩子们能看到耶稣就诞生在这样破败的地方,可以看到壁虎在爬行。"孩子们需要像一只小蚂蚁一样在画中散步,找一个角落坐下,细细体味其中的色彩、形状、光线和气氛。"

这些年,她越来越相信,艺术应该是一种非常感官的经验,一种感官的亲密探索,就像坠入爱河。对她自己而言,最为醍醐灌顶的一次经验,是在一个巴黎博物馆的非洲艺术展上。西非丰族人的小雕塑,被摆在一个小小的昏暗的空间里,只有一束光从墙上射过来,"那一刻,有一种自时间深处,涉及万物,涉及整个人类的东西,在一瞬间对我讲述,这是美"。

如何给孩子讲远方的神话

趁着想象力正要绽放的年龄，陪孩子一起读读北欧神话吧。

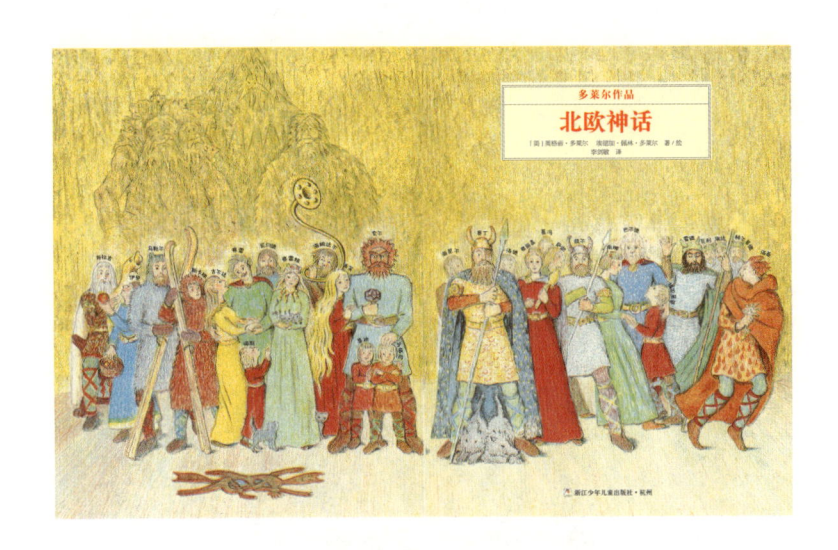

《北欧神话》的导言是迈克尔·夏邦写的。他是过去 30 年来最年轻的普利策奖得主，还做过《蜘蛛侠》的编剧。

夏邦对这本《北欧神话》赞誉有加,"北欧诸神、凡人和巨人的世界——多莱尔夫妇用一系列令人击节的石印技艺所刻画,是如此可爱、离奇而又残酷的精致——始于黑暗,止于黑暗,犹如黑暗中的火球,脉络分明而又枝蔓丛生"。

夏邦特别谈到小时候对洛基的喜爱——"洛基是我幼小心灵的神祇,常常蓄意破坏,又憧憬美好的东西,幻想和打烂一切的冲动互相较劲。而当机关算尽又浪子回头,抚育怪物又从中作梗,阻止又加速世界末日的到来时,他简直就是口述这一充斥着反复无常的故事情节的神祇自身"。

洛基的确是一个极有魅力的神话人物。关于他的魅力，夏邦的形容也极到位——世界因他毁灭，也因他兴味盎然。

洛基英俊潇洒，聪明绝顶，巧舌如簧，但他的内心似乎有很多黑暗面，很多的愤怒、很多的嫉妒、很多的欲望。

他本是巨人，主神奥丁却主动要求与这位巨人歃血为盟，结为兄弟，只是为了享受有他陪伴的乐趣。

与奥丁一样，埃西尔诸神一方面倾倒于洛基的魅力，关键时刻常常要借助他的恶作剧和智谋，但另一方面，他在阿斯加德始终是一个局外人，无法真正获得他们的信任。

"百无聊赖的时候，洛基就会变成猎鹰的模样，振翅高飞，看看世界，打发时间。"

也许就是太无聊了，他才会到处惹是生非，戏弄诸神，比如大

半夜偷偷剃光了女神希芙一头美丽的金发，又一时兴起偷走爱神芙蕾雅举世无双的项链，他帮风暴巨人劫持了青春女神，又戴罪立功把她救了回来。

最搞笑的一个故事是，诸神要在阿斯加德的边境修建一堵石墙，一个石匠表示愿意担此重任，但要以爱神芙蕾雅和天上的日月作为酬劳。为了将功补过，洛基要破坏石匠的计划，他只好化身母马，勾引石匠的大公马。最后他还尽了一个母亲的责任，生下了一匹长有八条腿的小马驹，最后成了奥丁的战马。

洛基是复杂难解的,对孩子来说如此,对成年人也一样。他不是向善的力量,但也并非邪恶,他的身上有一种极强的颠覆性和反叛的姿态,反叛权威、反叛习俗、反叛一切。最后,他的反叛通向了毁灭——他害死了"光明之神"巴德尔,最终导致了"诸神的黄昏"的到来。

我们再来看奥丁——北欧神话的主神。

与古希腊神话中的主神宙斯一样，奥丁杀死了自己的生父，并用他的身体布置出大地、天空与万物。但在品性上，奥丁比宙斯要靠谱得多。宙斯天上人间四处猎艳，奥丁最大的追求却在获取知识和智慧。

为了喝上一口智慧之泉，他不惜牺牲自己的一只眼睛。

他以自己为祭，一言不发、滴水未进，吊在树上九天九夜，终于发现了卢恩文字的奥秘，并与埃西尔诸神和地球上的智者分享。

他也曾经变身英俊少年，勾引少女，但那是为了得到知识之神的蜜酒。

关于奥丁，我尤其喜欢的一个细节是，巨人中的智者米密尔被瓦尼尔神族当作人质时脑袋被割去。奥丁施展魔法，让米密尔的脑袋又活了过来。从此，但凡不开心，他就跑去找米密尔的脑袋寻求安慰。

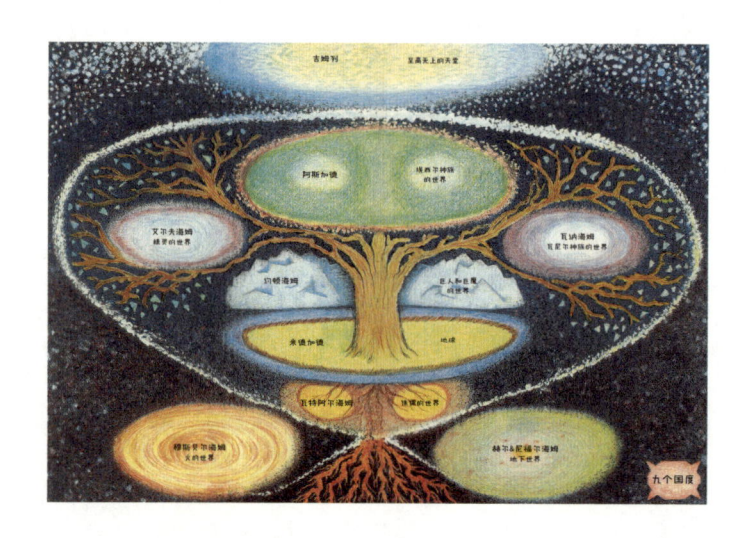

在《北欧神话》之前，多莱尔夫妇也创作过《希腊神话》。但英格丽·多莱尔毕竟是维京海盗的后代，自小听着这些北欧神话与传说长大，对其中北欧国的精神气质把握更加准确，画风也更加华丽、狂野、悲壮。

就像尼尔·盖曼所说，希腊神话里充满了性与孔雀，有人坐在那里爱上了自己的倒影。北欧神话里不会有这样的故事。你大冬天坐在外面，会被活活冻死。

北欧神话，在本质上是绝望的。埃西尔诸神的故事，一则一则读过来，固然不乏欢乐淘气，但一点点都是在为最终宿命般的悲剧铺垫——世界最终是会毁灭的，没有任何力量可以阻挡，这就是"诸神的黄昏"。

而且，一切从创世之初就埋下了因果。

作为宇宙万物起源和载体的宇宙之树，其伸入泉水的巨大树根，从一开始就被一条狰狞的黑龙尼德霍格日夜不停地噬咬着，时刻有断裂的危险。

从那以后，伊格德拉修成了了的圣树，献给奥丁的供品就挂在它的树枝上。这是在这棵大树的脚下，每天早上，下了驼鹿奥丁派遣神聚会的位置。他们决议着讨什事事，大声华论什么是正义、什么是不正义，评议定阿斯加德和迪球的发展方向。当争论确其重要的事务时，各则伙惊了的二十四位主神也会团聚过去。

对记会，他们骑上马，踏上耀眼发光的彩虹桥尾家。他们向着众阿加加跑，往于云霓之上，都松看着上去不错一点。尽是所有精灵中最伤的的，为了降逸冰雪巨人，现两朵朱雨就可需剪份心。和彩虹而能条红色的光进其文是的的的光，足以将冰雪巨人和巨怪的冰脚烧伤。

天上的太阳和月亮后面，两个变身为狼的巨人在日夜不停地追赶，随时要将它们吞噬。

洛基与食人女妖安格尔伯达生下三个怪兽——尘世巨蟒耶梦加得、魔狼芬里尔和死之女王赫尔，注定要给世界带来灾难。

当诸神还在悠然度日时，奥丁作为万物之父早已洞悉诸神的命运。虽然明知难逃覆灭的结果，他仍然殚精竭虑，努力推迟毁灭的到来。

他把尘世巨蟒放逐于瀛海，派海尔到冥世为王，将芬里尔捆绑于山崖。又从人间一个战场到另一个战场,搜罗尽可能多的战死英雄,将他们邀请到英灵殿,为最后一战备战。

最后的决战前夕,众神明显处于下风——奥丁只剩下了一只眼(另一只眼用来换取了智慧),提尔仅余一只手(另一只被芬里尔咬断了),弗雷失去了黄金宝剑(为了赢得巨人少女吉尔达的爱),只能用鹿角做武器……

但这里才是北欧神话价值观的真正体现——即使恶的力量坚不可摧,即使美好事物必将一去不返,真正的英雄仍然会义无反顾地与恶对抗,哪怕这种对抗是徒劳的。

英雄之所以是英雄,不是因为他斩过妖、除过魔,而是因为他时刻以斩妖除魔为己任,不问得失,不计胜负。

多莱尔夫妇的故事讲到这一节,读来只觉得天地变色,苍生战栗,一腔热血,似要倾泻而出。大概只有北欧伟岸粗犷的山川、怒恶的大海、巨大的冰山、火山的喷爆以及漫长的严冬,才会诞生这样的神话。

最后,奥丁葬身狼腹,索尔与尘世巨蟒同归于尽,洛基与海姆达尔同归于尽,提尔和加姆也是如此……

万物陷于火海,正义与邪恶俱焚,世界复归于虚无。

一切毁灭之后,也许会有新的世界,但那个新世界不再属于这些旧神。几个幸存下来的埃希尔神,无人引领,亦无人守护,只能坐在昏暗朦胧的黄昏,用捡到的金棋子和和气气地下棋。

夏邦在导言里说,"还是小屁孩的时候,我就知道——并为此感到欣慰——不论过去还是现在,世界一如既往的可怕和伟大,一直就在即将完全毁灭的边缘徘徊"。

今天，这一点末日之感不仅没有消减，恐怕还更加真实了。尤其当雾霾袭来，看着窗外，你会忍不住问自己，"诸神的黄昏"是否正在发生，或者即将发生？

但是，我们仍然可以讲故事。漫长寒冷的冬夜，或者太阳尚未落山的夏日黄昏，抱着你的孩子，跟他一起读，去遇见那些形形色色的北欧神灵、侏儒和巨人，讲讲侏儒如何为雷神索尔打造了他的霹雳锤，讲讲英灵殿里的盛宴与搏杀，讲讲那只在世界之树上来回奔波传递闲话的松鼠，讲讲爱神芙蕾雅如何驾着猫车，寻找她那走丢了的丈夫，想念他的时候会哭着入睡，留下纯金的眼泪……

惊奇之心

情感被撩拨起来了——对于美，对于新鲜与未知的兴奋与好奇，同情、怜悯、赞美、爱——然后才是这些情感对应的知识。一旦找到，它们对孩子而言就会有持久的意义。

有一本书叫《惊奇之心》(*The Sense of Wonder*)，作者是雷切尔·卡森，一位著名的海洋生物学家，讲她和她年幼的养子罗杰一起在缅因州的海岸、树林、旷野探险和观察自然的经历。她以一位科学家的视野和一位母亲的情感，谈论如何培养一个孩子观赏植物、动物、星月、云彩，倾听虫鸣、鸟唱，如何丰富和锐化我们久已迟钝的感官和审美能力。

卡森的《寂静的春天》一书，揭示了美国二战后杀虫剂、除草剂的过量使用，导致野生生物大量死亡的生态灾难，最终促成了现代环境保护事业在美国乃至全世界的迅速发展，也唤醒了当代人对于环境的意识与责任感。

这本书文字不多，却将她一生信仰的环保哲学做了最充分和诗意的表达。我尤其被其中这么一段话打动：

> 我相信对那些想要引导孩子的父母而言，"知道"远不及"感觉"的一半重要。如果"事实"是日后产生知识与智慧的种子，那么，情感与感官的印象就是这些种子生长所必需的土壤。童年早期是准备这些土壤的关键时期。情感被撩拨起来了——对于美，对于新鲜与未知的兴奋与好奇，同情、怜悯、赞美、爱——然后才是这些情感对应的知识。一旦找到，它们对孩子而言就会有持久的意义。激发求知的欲望，远比给他们一堆消化不了的"事实"要重要得多。

我也是一个母亲，我的孩子今年 5 岁。这几年陪伴他长大，经常萦绕我脑际的一个问题就是，一个人在成长的过程中，到底得到了什么，又失去了什么？

托尼·莫里森说，真正的成年是艰难的美，是得之不易的荣耀，是商业力量和乏味文化不应剥夺的理想。独立的人格、独立的思想，为自己负责、为别人负责，过一种有尊严的生活，这些都是成长的所得。但我们也确实不可避免地失去了很多东西，比如简单与洞见。我们掌握的知识增多，失去的却是直觉的感知力、洞察力，甚至于一种更广阔的视野。所以，我们的头脑看似经过了科学的武装，却时常觉得自己走进了一片迷雾。

其实，一旦意识到孩子是如何看待世界的，你就绝不会再捏着嗓子、忸怩作态地学着孩子腔跟他们说话。你会对他们有真正的尊重——他们能看见我们看不见的色彩，他们能本能地领悟我们早已遗忘的真理，因为他们对世界还有一颗惊奇之心。他们还没有厌倦任何事情。他们不害怕将牛头不对马嘴的东西放在一起。他们欣赏机智、幽默，甚至怪诞。他们不懂科学、文学、哲学、艺术，但他们有一种未经败坏的观察力和无所畏惧的表达力。

这些都是在与孩子相处的过程中慢慢领悟出来的。这也是为什么我喜欢读《惊奇之心》这样的书。在这些书中，大人与孩子都处在各自心智最好的状态，大人的智慧与孩子的天真之间达到了最美好最和谐的交互。孩子的天真，不是浅薄的幼稚，而是澄澈地映照世界；而成年人的智慧，也不是知识的架子，而是带着尊重、好奇与真正的对话。

美国生物学家斯蒂芬·古尔德提出过一个很有趣的科学概念"幼态持续"——某些重大的进化改变是通过发展的延迟（或阻滞），而非积累来实现的。有机体通过进化获得改变以便其成体保持幼年的某些特征，这种过程就叫作"幼态持续"。

人类是幼态持续的动物。我们演化的方式之一就是，直到成年都还保留了我们祖先原本的幼态特征，比如我们的大脑生长得很慢，骨骼骨化得很晚，新生儿的未成熟状态更为彻底，他们的生存完全依赖父母的照料。从进化的角度来说，幼态持续给我们带来了许多好处，我们巨大的大脑至少部分是因为出生前的快速生长率延续到了后来的阶段。

斯坦福大学的文学教授罗伯特·哈里森在他的新书《我们为何膜拜青春》中写道："如果将'幼态持续'的概念用到精神层面，我们可以用它来指代一种童年心理在经过保存与修改之后，被延续到成年期。"

如果人类的心理中没有保持某种"内在的孩子"，世界上大概就不会有各种父神、母神和其他各路神明。世界上就不会有宗教，不会有俄狄浦斯情结，也不会有艺术、诗歌、科学、哲学，因为所有这些人类的创造都源于在某种现象面前某种孩子气的惊奇感。而人类对生活的许多期待——我们的存在很重要，某人某物应该关心我们——本质上都是孩子气的。这些孩子气的欲望、梦想、失望，并没有随着成年而终结，而是延续我们的一生。

在哈里森看来，这样的"幼态持续"并非坏事——青春（youth）对文化的创新和天才的光芒闪现至关重要。一方面，人类史无前例的被延长的青春依赖于成年人提供的智慧与稳定；另一方面，正是因为有了这样被延长的、受保护的青春，我们才得以成长、成熟，创造了社会和文化，积累了足以与天才抗衡的智慧。

或许我们可以这么说，童年与成年、孩子与大人之间原本并没有固定的疆界。在这个世界的美、神秘、惊奇、想象与爱之中，他们完全是可以连接在一起的。

卡森说:"倘若我对仙女有影响力,我会恳求她赐予世界上每个孩子惊奇之心,而且终其一生都无法被摧毁,能够永远有效地对抗以后岁月中的倦怠和幻灭,摆脱一切虚伪的表象,不至于远离我们内心的力量源泉。"

什么是惊奇之心?

就是你知道,在人类的存在界限之外,还有一点别的什么——

在鸟类的迁徙中、潮汐的涨落中、春日绽放的嫩芽中,有象征与实际意义上的美,四季的更迭中有绵延不尽的治愈的力量——你知道,日落月升,冬去春来。

置身自然的美与神秘之中的人,永远不会孤独或者厌倦生命。无论他们的个人生活中有怎样的苦恼或忧患,他们的思维里总是能找到一条路径,通向内在的平衡与重生的兴奋感。

如何真正保持孩子的惊奇之心呢?

世上当然没有仙女。所以,卡森认为唯一可行的办法,是让孩子们"至少得有一个成年人的陪伴,后者能与他一起重新发现我们生活的这个世界的快乐、激动和神秘"。

除了自然之外,我觉得书本也是孩子仅剩不多的几个可以获得安静、沉思以及建立内心力量源泉的所在。这里也常常是孩子最初发现诗意、艺术、尊严、忠诚、对与错、悲伤与希望的地方,是可以撩拨孩子的情感与求知欲望的所在。

一切能想象的，都是真的

人类对幻想有一种天赋。这种天赋在一个人的生命早期很早就展现出来，并持续一生，至于我们如何使用这种能力，无论用于实用问题，用来创造艺术，用来做白日梦，用来解决科学问题，用来计划夏日旅行，或者用来准备一顿庆祝晚餐，都取决于我们的人生际遇与个性。

关于儿童的想象力，有两种相互对立的迷思。一种认为，儿童的想象力是无序的，自发的，不值一提。另一种则认为，儿童的想象力远远超过大人。孩子是小小科学家，小小艺术家，我们大人能做的，就是不要把他们的想象力搞砸。

前一种迷思以弗洛伊德和皮亚杰为代表，他们认为儿童沉溺于想象，是对现实的逃避或扭曲，是一种类似于自闭症的心智特质；后一种迷思则以进程主义教育家为代表，比如卢梭在《爱弥儿》中说，"让他们知道事情，不是因为你告诉他如此，而是他自己理解了。不要让他们学习科学，让他们发明科学"。

意大利教育家蒙台梭利则主张，在一个孩子的教育过程中，"教导员"只需给予一点"暗示与触动"，就足以启动一个孩子的心智运转，而之后的一切都是水到渠成。

"对这种浪漫化的描述我也很怀疑，孩子的想象力并没有大人的丰富和强大。真正有创造力的产品都是由大人，而不是孩子做出的。"哈佛大学教育学院的保罗·哈里斯教授告诉我。

什么是想象力？

我们经常谈论"想象力"。我们谈孩子的想象力，谈诗人的想象力，艺术家的想象力，科学家的想象力，但大多数时候，我们并不知道自己在谈论什么。

英国哲学家莱斯利·史蒂文森曾经列出 12 个关于想象力的定义，包括"思考当下并感知空间、时间上真实的东西的能力。"

英国诗人威廉·布莱克的定义更美："一花一世界，一沙一天国；君掌盛无边，刹那含永劫。"

想象力的英文是"imagination"，源自拉丁语"imaginari"，意思是"为自己生成心理图像"。第一，想象力是一种心理能力；第二，想象涉及视觉化，而 vision（视觉）最初的意思就是 to know（知道）；第三，想象力存在于个人的头脑之中。

简而言之，想象，是一幅或一系列画面在一个人的"心之眼"

（mind's eyes）中展开的过程。比如你想到昨天的一杯咖啡，或者一艘宇宙飞船登陆地球。你正在思考的这些事情也许是真的，也许不是，但总之它不在当下的时空环境内发生，而是在一个人的心智内部产生。就像《小王子》中，狐狸对小王子说的，"本质的东西，眼睛是看不见的。只有用心灵看，才能看得清楚"。

孩子看到天空的云彩，想到城堡、棉花糖、大龙猫。听到床底下的声音，想到一个怪兽躲在那里。透过帽子，看到蛇吞大象。

作家构建故事，哲学家的思想实验，历史学家重构过去，都是想象力的实践。科学家也一样。20世纪最成功的数学家和物理学家在解释自己最重大的发现时，经常提到图像的重要性。比如爱因斯坦的相对论，得益于他想象的这样一幅画面——他驾驶着一辆以光速运转的列车前进。

即使作为普通的成年人，我们日常所做的每一个决定，每一次我们思考假设的可能、想象的后果，或者我们试图理解那些与我们相同或不同的人，都是在使用想象力。我们的各种情感，从焦虑、遗憾、满足到成就感，都来自思考可能发生什么，本来可以如何。

正是从这个角度，保罗·哈里斯说，孩子的想象力并不比成年人更丰富更强大。恰恰相反，成年人关于现实世界的经验和知识更多，分析能力更强，与世界的关系更复杂，也有更强大的意志力实现想象的结果，正如美国著名的科学作家艾伦·莱特曼在散文集《神秘感》中所写，"真正的创造，无论在科学，还是艺术，都需要随着人生而来的经验,这种经验随着年岁不断累积与深化。在科学,你最终能连接到数学与物理世界干净的逻辑,而在人文,最终与人性相交接"。

所以,根据一个人对想象力的定义不同,你可以说一个人的一生是想象力不断衰退、削减的过程,也可以说是持续终身,不断内化和强化的过程。"至于我们如何使用这种能力,无论用于实用问题,用来创造艺术,用来白日梦,用来解决科学问题,用来计划夏日旅行,或者用来准备一顿庆祝晚餐,取决于我们的人生际遇与个性。"保罗·哈里斯说。

但是,与大人相比,孩子的想象力真的没有任何独到之处吗?

"与大人相比,孩子的确愿意花更多的时间在想象的世界里流连忘返。这是我们焦虑的大人做不到的。"

孩子为什么喜欢玩假定游戏?

保罗·哈里斯一生的研究都围绕"想象力"展开。《想象的世界》(The Work of Imagination)是他 17 年前写的,开篇就谈到了 4 万多年前人类文化史上一次惊人的认知变革。

考古学证据显示,那段时间的智人日常用具显示了一种明显的时间组织上的变化:工具在使用之前就已经造好,住宿的空间设置显示主人有了长久住下去的意思。当然,食物和庇护所都是生存所需，提前安顿好也算理所当然，但还有一些更奇怪的现象：洞穴壁画，工具的多样化与风格化，身体饰物的制造，以及新的墓葬仪式。他认为这些壁画和墓葬起到了一种类似于"物理道具"的功能，以召唤一个不同于现实世界的想象世界。

"与数百万年的进化相比，这种能力只是最后一分钟的飞越，但它对于人类历史与文化的影响之大无可估量。"

但是，这样一个宏伟的开篇，却是为了引出一个看似十分幼稚的问题：孩子为什么爱玩假定游戏？

大概从1岁半开始，孩子就会玩假定游戏，与语言出现的时间恰好重合。这种现象几乎在每一种文化中都存在。在巅峰阶段，这种玩耍会占据儿童20%的时间。

比如假装一个东西是另外一个东西，假装香蕉是电话，毛绒动物是宝宝，乐高汽车和后院是魔法王国。

或者假装一个人是另外一个人——假装自己是公主、王子、海盗或超人，或者假装像小猫小狗一样打架。

这些假定游戏的复杂度是逐步升级的。一开始，他们的假定游戏中需要现实生活的元素，比如必须以实物作为道具，或者模仿他们认识的人。渐渐地，他们越来越少地依靠实际的道具，而完全以象征的方式操纵日常物品，一根绳子就可以当成水管，一个信封可以当作妈妈的手提箱。他们还学会发明动作和创造故事情境，而不是依赖于发生过的真实事件。这个阶段的孩子经常利用这些玩耍帮助自己理解情感，处理恐惧和焦虑。

过了3岁以后，孩子开始越来越关注假定游戏中社交性的内容。他们开始寻找同伴，彼此之间有了更多的语言交流。因为互动的因素，他们的假定游戏需要计划，比如一个人当老师，另一个当学生，一个当警察，另一个当小偷。有时候角色还可以互相转换。因为复杂的故事线索，游戏所需的时间也更多。

我小侄子小时候最喜欢两样东西，一是动画片《海绵宝宝》，二是比萨饼。所以，他最喜欢玩的游戏就是"开餐厅"，他自己是蟹老板，我们都是他的员工和顾客。他指挥我们采购"原料"，自己则在"厨房"发明各种古怪口味的比萨饼，还亲自负责送快递上门。一手交钱，一手交货，又是一番口水交涉。这一切都在心照不宣的假装中完成，就像《皇帝的新装》中国王与骗子那场愉快的合谋，而且，骗子的话是对的，"任何不称职的或者愚蠢得不可救药的人，都看不见这衣服"。

我很喜欢美国绘本作家大卫·威斯纳的一本书《飓风》，讲某个飓风来临的夜晚，兄弟俩在家中躲了一个晚上。第二天，飓风过去，发现一棵大树倒在邻居家的草坪上。这棵倒下的大树于是成了他们假定游戏的道具——"第一天上午，他们玩了丛林探险游戏；下午，他们周游了七大洋，乔治掌舵，大卫眺望地平线，谨防海盗船的袭击；第二天，第三天，他们穿越星际，还去过更远的地方"。

这本书是威斯纳的童年自传。成年之后，他在书中挖掘的很多创意其实都来自童年的幻想，比如飞行（尤其是让那些不能飞的东西飞起来）、平行世界、变大变小等。

"试也没有用的，"爱丽丝说，"一个人不能相信不可能的事情。"

"我敢说这是你练习得不够，"王后说，"我像你这么大的时候，每天练上半个小时呢。嘿！有时候，我吃早餐前就能相信六件不可能的事情"。

爱丽丝在地下王国遇到的"不可能的事"岂止六件？让人变小的药水，让人变大的蛋糕，穿西服的兔子，微笑的柴郡猫，吐烟圈的毛毛虫，还有疯帽子和三月兔永远开不完的茶会……谁说刘易斯·卡罗尔不懂孩子的心呢？

传统的心理学观点认为，这些假定游戏揭示的是儿童的一种认知缺陷，是他们无法分清现实与想象、事实与幻想导致的。而他们之所以沉浸在幻想里，只是为了满足 ego（自我）而已。比如，一个孩子拿香蕉当电话，是因为他无法适应这样一个现实——并没有一个真的电话，只好用香蕉来满足无法实现的愿望。

哈里斯则认为，假定游戏不是对现实的逃避，而是对现实的参与，是孩子理解世界的一种基本方式。他和同事做了大量的实验证明，对大部分孩子来说，真实与想象之间的界限是清晰的。比如，他们给一群学龄前儿童一个装满了铅笔的盒子和一个空盒子，让这些孩子想象空盒子里装满了铅笔。这些孩子很快就兴高采烈地假装，但他们同时也表示，如果有人真的想要铅笔，应该到那个真的盒子里去找,而不是那个想象的盒子。

这些实验都表明,即使很小的孩子也能在两个世界之中做出某种形而上的区分。一个是当下的、真实的世界,有着可观察的事件、无可争议的事实和因果律,另一个是假装和可能性的世界,由虚构与幻想构成。

孩子能够理解这些差异。他们知道他们想象出来的玩伴不是真的,壁柜里的怪物并不存在(虽然这个事实并不影响它们的可爱或可怕)。那他们为什么还要乐此不疲地沉迷于这些想象呢?

20世纪60年代,苏联发展心理学家利维·维果茨基最早提出,儿童的玩耍是一个人创造性想象的发源地。正是在童年的假定游戏中,发生了对创造力非常重要的认知过程和情感过程。

之后,这一论断不断得到各种研究的证实。一个人童年时期的想象性玩耍与成年后的创造性表现之间呈正相关关系。很多诺贝尔奖得主与麦克阿瑟天才奖的得主都曾经在童年时期有过极为丰富的假定游戏的经历。

加州大学的心理学教授艾莉森·高普尼克的研究结果发现,更擅长假定游戏的孩子,反向推理能力更强,也就是说,他们更擅长思考不同的可能性,也更倾向于发展出高级的"心智理论"(theory of mind),即对他人的动机和目的有更敏锐的理解。"在假定游戏中,孩子们所做的,很多都是从一个假说开始,一步步推导出一个符合逻辑的结论。"

这就是为什么小孩子相信圣诞老人是一件好事——想象九只驯鹿拖着雪橇在天空飞过的样子，与想象全球变暖或者治疗癌症的解决方案，就涉及的思维方式而言，在本质上是一样的。随着我们长大，想象力并不是消失了，而是成熟了、锋利了，有限制、有方向。

古希腊哲人为理性赋予了最高的价值，因为通过理性，我们可以得到关于世界的知识，了解世界的真相。但现代认知科学家认为，理解世界并不是我们最重要的才华。想象和创造一个新的世界，才是我们真正重要的进化优势。

如果你把智力定义为"解决问题"的能力，那它不是一种单一的能力，而是一个谱系。一端是演绎式的，基于规则的推理，另一端则是想象，基于可能性的即兴创作。前者解决的是那些我们知晓规则的问题，火车 a 和火车 b 以不同的速度相对行驶，会在哪里相撞；后者解决的是那些我们从未遇到过的问题——对于这些问题的规则我们并不知晓，比如万一你不小心被锁在了火车的厕所里怎么办。

正如高普尼克在一篇文章中所写的，"随便看一下你周围的东西，房间里的每一件东西，杯子、椅子、电脑，都曾经只是停留在想象世界里的东西。连人也是如此。我作为一个科学家，一个哲学家，一个无神论者，一个女性主义者，一开始都只是一个小女孩的想象而已。但现在，这些都是真实得不能再真实的东西。这是人类心智最擅长的东西——将想象变成现实"。

阅读为想象力提供了什么？

一个有趣的问题是：假定游戏为什么没有从人一出生就出现呢？

关于想象力，科学能给予的最重要的启示之一就是，想象并非无中生有，而是以现实为基础。正是因为我们知道这个世界是如何运转的，才能想象改变其中的关系，并创造新的关系。

婴儿从一出生就在以他们独特的方式获得关于世界的基本知识。当假定游戏出现时，他们已经建立起了对于外部世界和精神世界的基本认识，尽管这种认识可能是错误的，或者幼稚的。

通过假装和想象，他们将一个大大的世界微缩到他们的智力能够掌控的大小——他们可以暂时退出当下的现实，或者超越它，把玩和操纵各种概念、想法、情感。

但问题在于，第一手经验在一个孩子的认知过程中能起到的作用毕竟是有限的。一个孩子怎么能了解一个他从未见过的城市或国家？他们怎么知道地球是圆的？如何了解过去——曾经恐龙漫游的世界？又如何理解死后的未来，比如天堂或地狱？

哈里斯教授说，如果真的要做个比喻，比起"小小科学家"，他更愿意把孩子比喻成"小小的人类学家"。他们并不是像科学家一样，一边做着很酷的实验，一边修正自己对于世界的观念。人类学家并不做实验。他们做的是掌握那里的语言，观察、倾听，与可以信任的知情者进行长期的对话，尤其是当他们感到困惑时。

从 18 个月开始，孩子就已经具备了"小小人类学家"的资质——假定游戏与语言的出现都始于这个阶段。"一旦这两种能力结合在一起，一个孩子就能在脑海中构建一个从未亲身经历过的场景。对于那些他们无法直接观察和经验的事件，他们听别人讲，并利用他们的想象力来理解和视觉化他们所听到的。"

这是哈里斯在他的新书《相信你所听到的》中要谈的：孩子如何从别人那里学习？

但我想谈的是阅读。还有什么比阅读更快、更有效地获取关于这个世界的间接经验的呢？

通过阅读，我们遇到在现实中未曾遇到过的人、未曾体验过的事，面对从未面对过的问题，并寻求相应的解决方案。通过阅读，我们将不同的时代、不同的国家、不同的文化纳入自身经验的一部分。唯有如此，孩子才能拓展自身的时空体验、思考范围、生活视野，打开一个全新的可能世界。

凡是读过《银河铁道之夜》的孩子，每到朗夜，仰望星空时，恐怕很难不想到孤独少年乔邦尼的银河之旅。

白茫茫的星空下，一列飞翔在暗夜的列车，像一颗拖曳着长尾的彗星，载着一个孤独的孩子，飞上没有归途的天穹。它飞过一片片灼灼燃烧的天火，飞过被钻石、露水和所有美丽东西的灿烂光芒照亮的银河河床……

如果你和我一样，此刻眼前铺陈开的是银河岸边一片片银白色的芒草，路边还盛开着一簇簇宛如用月长石雕刻出来的紫色龙胆花，而它们的花蕊还是黄色的……

那是你的想象力在工作，是阅读在强迫我们的心智视觉化这些风景、人物和事件，仿佛这一切都是曾经发生过或者正在发生的。

想象力是每个孩子内在的心智能力，就像行走、说话的能力一样。你不教一个孩子走路，他也不会失去走路的能力。但是，一个孩子需要想象力的锻炼，就像他们需要人生一切基本技能的锻炼一样，无论身体的，还是心智的。而且，只要一个人活着，这种锻炼都不能停止。

就训练心智脱离、超越当下的现实而言，实在没有什么能与诗、故事相媲美。托尔金曾经用"精灵的工艺"来形容语言的奇妙力量——虽然明知那些奇异的色彩、光线、气味、声音不过是文字搭建出来的纸牌屋，却终究在我们心中幻化成一个坚固而持久的世界。

这个世界里有着更明亮的色彩、更尖锐的轮廓和更深刻的质地。而且，很多时候，它比真实的世界更"真实"——照妖镜式的真实。就像英国作家切斯顿在《精灵国的伦理》一文中写道："我当时最相信的，以及现在最相信的，都是所谓童话里的东西。在我看来，它们完全是合理的……童话的国度是洒满阳光的常识国度。不是地球审判天堂，而是天堂审判地球。至少对我来说，不是地球批判精灵国，而是精灵国审判地球。"

我清晰地记得高三那年在学校阴暗的图书馆里第一次读到《银

河铁道之夜》，故事并不长，但我却仿佛在一片悲伤的迷雾中跋涉了很久。从图书馆出来，只觉得暮色苍茫，仿佛已经过去无数个世纪。

其实，我觉得我从来没有真正理解这个故事。乔邦尼小小年纪，那种尖锐而沉重的哀伤感到底由何而来？他与康贝瑞拉之间到底是一种什么样的感情？康贝瑞拉坐上通往死亡的银河铁道，心里记挂的是"只要妈妈能获得真正的幸福，我什么事都可以做"，妈妈真正的幸福是什么？作者写那位捕鸟人的意图到底是什么？为什么乔邦尼说，"只要这人能真正幸福，自己情愿站在那个发光的银河的河滩上，连续站一百年为替代他捕鸟"？

但是，一个好的故事之所以触动我们，让我们着迷，久久萦绕不去，不正是因为这些谜一样的地方吗？正因为我们从来没能真正理解这些角色，所以才一次次地回到这些故事，努力寻找其中的含义。直到今天，我仍然不时地回想起乔邦尼在心中轻轻问捕鸟人的那句话："您真正想要的，到底是什么呢？"

想象力需要时间，需要安静，需要新鲜经验的不断喂养，这些都是想象力的科学告诉我们的，也都可以在童年阅读的经验中找到。

我记得第一次读《长袜子皮皮》，皮皮说的每一句话，做的每一件事，都让我惊奇不已——世界上竟然会有这样的女孩，这样的生活！

如果不是通过阅读，我们上哪里去找长袜子皮皮那样的女孩子，又上哪里去找"乱糟糟别墅"呢？那个歪歪扭扭，好像按自己心意长出来的小房子，院子里有一个过分茂盛的花园，老树上长满苔藓，百花各按各的心意盛开。每天早上，皮皮坐在树上喝刚煮好的咖啡和点心，喝完就把杯子扔到草地上。

皮皮9岁就有用不完的金币。一只猴子坐在她的肩膀上，一匹马住在她的走廊里。她不用上学，不用做作业，没有人告诉她什么时候应该上床睡觉，在她想吃薄荷糖的时候也不会有人硬要她吃鱼肝油。想到妈妈在天堂透过一个小孔看着她，她会挥挥手说，"别担心，我会照顾自己"。

我从来没有想过我可以像皮皮那样生活，但她让我意识到生命可以不断拓展的激情与可能性，远远超过我的童年世界所能提供的一切遐想。我羡慕她的自由，她的热情，她的从不囿于任何一个狭小的空间，更重要的是，她对自己、对世界不可动摇的信念。即使成年之后，在期待、规则与责任构成的世界里，她的自由、不羁、无可预期，仍然给了我巨大的想象空间。

我读多莱尔夫妇创作的《北欧神话》，除了瑰丽陌生的北欧风光之外，常常为其中丰沛的情感所震撼。这就是故事的伟大之处：它不仅需要我们的认知注意力，同样要求我们情感上的强烈投入。尤其是读到"诸神的黄昏"一节，读到奥丁率领众神和英雄与巨人和各路妖魔鬼怪鏖战到最后，奥丁径直冲向张开大嘴的芬里尔，还没等他将长矛刺入恶狼的深喉，就葬身狼腹。他的儿子雷神索尔与尘世巨蟒打得正酣，帮不了父亲，于是一次次地用锤子猛砸巨蟒嘶嘶作响的脑袋，最终与巨蟒同归于尽。不共戴天的对手——洛基和海姆达尔同归于尽，分别被对方的武器杀死……

据说，部落传说中用来编码传说的画面越生动，就越容易记。所以，是不是记忆的需求最初促成了想象力在人类心智中的诞生？如果不是这些画面在听者的灵魂中留下如此深刻的震撼，这些故事大概不可能这样一代又一代地传颂下来。

弗洛伊德之所以认为玩假定游戏是由于孩子无法分辨现实与虚幻，一个很大的原因是孩子对于这些幻想的强烈的情感反应。为什么孩子会为一个想象的世界投入那么多的感情？

其实成年人何尝不一样？人的认知和情感构成一定有某种独特之处，让我们对他人，甚至对虚构人物的生活如此关心。

对此，美国奇幻作家厄休拉·勒古恩有一段非常动人且有说服力的论述：

"每一种文化都通过故事定义自身，并教它的孩子何以为人，何以为这种文化的一员。一个孩子如果不知道中心是什么——家在哪里，家是什么——这个孩子恐怕不会太好。

"家不是爸爸、妈妈、哥哥和姐姐。家也不是那些不得不接纳你的地方。家不是任何一个地方。家在想象里。

"通过想象，家才得以成形。它是真实的，比任何地方都真实，但你无法进入，除非你的人民教你如何想象它——无论人民是谁。他们也许不是你的亲戚，甚至不说你的语言。他们也许已经死了一千年。他们也许只是印在纸上的文字，幽灵的声音，思想的阴影。但他们会指引你回家。他们就是你的人类社群。"

神话连接着人类最古老的恐惧与希望。而童年，则是人生的神话时代，孩子的心性中因此保留了一种类似于先民的天真、赤诚、近乎诗意的信仰。

正因为这样的信仰，爱丽丝才会毫不犹豫地往兔子洞里跳。

正是因为这样的信仰，彼得·潘才会告诉温蒂："每一个男孩或是女孩身边，都跟着一个妖精。"

"真的吗？"

"只要有一个孩子嚷嚷我不相信妖精，什么地方就会有一个妖精死去。"

这大概就是我们与孩子的想象力之间的根本差异：我们的想象力虽然强大，但我们所生活的世界里，万事万物都已经有了定位，"感觉"很容易被"知识"取代，"惊奇"只在梦中出现，"想象"也不再叩问事物的本质。

孩子的想象力虽然稚弱，他们关于现实世界的记忆与知识虽然不多，却带着初到人间时体验到的情感强度。我想，正是在这个意义上，童年阅读的经验是不可复制的。

如何带孩子认知真实世界？

比起幻想世界，孩子对真实世界的兴趣更大，
从真实故事中学到的东西也更多。
孩子之所以沉浸在假想的世界里，也是为了更好地理解真实世界。

童书，尤其是科学、历史、自然、艺术之类的非虚构类童书，可以帮助孩子更好地认知真实世界。

孩子喜欢魔法、公主、飞船，于是我们就以为，他们喜欢活在幻想里。但很多研究认为，比起幻想世界，孩子对真实世界的兴趣更大，从真实故事中学到的东西也更多。比如，学龄前儿童更可能从写实的动物形象（而非拟人化的动物形象）中学到新的知识。当故事涉及真实的人物（而非虚构角色）、真实的情节（而非太空冒险）时，他们更可能将故事里的解决方案应用到现实生活的情境里。

事实上，孩子之所以沉浸在假想的世界里，也是为了更好地理解真实世界。比如他们编造假想的朋友，是为了学习如何解释真实世界中他人的行为。那些有假想朋友的孩子，通常与现实世界中的朋友相处得更好，因为他们更擅长分析和预测别人的想法和感受。得了自闭症的孩子几乎从不创造假想的朋友，也从不参与任何假想游戏。

孩子对真实世界的兴趣，还可以参照他们无休止的问题。为什么天空是蓝色的？幽灵怎么睡觉？为什么人会做梦？为什么人会死？人死后既然埋在地下，那如何去往天堂？世界上为什么有那么多国家？大雁为什么飞成 V 字形？是谁发明了语言？是谁创造了上帝？为什么我们的两只眼睛不能同时分别看到两种不同的东西？小宝宝是怎么跑到妈妈肚子里的？

每一个与三岁小孩子相处过的大人都经历过被无休止的问题逼疯的瞬间，直到脱口而出："没有什么为什么，因为所以！"

过去半个世纪以来，对于孩子心智的理解发生了巨大的变化。过去我们总认为，孩子（尤其是婴幼儿）是不理性的，他们以自我为中心，是非不分；他们的思考与经验是具体的，即时的，有限的；孩子的智力发育要先经历一个漫长的黑暗时期，到了上学的年龄才被理性之光照亮，逐渐发展出对于这个世界和他人的理解。

但 20 世纪 70 年代以来，越来越多的心理学与神经科学研究发现，孩子比我们以为的学得更多，想象得更远，关心得更广，体验得更深。他们很可能并非一张白纸来到这个世界，而是带着对这个世界的"朴素理论"（naive theory）而来。从婴儿时期开始，他们就通过观察、模仿、提问等各种手段获取关于这个世界的认知，并自主地建构自己对于世界的解释模型。

其实，从两千多年前开始，哲学家就开始争论人到底是如何获得关于这个世界的知识的。柏拉图认为，我们关于抽象事物的认知独立于感官经验本身。我们知道有5支铅笔，是因为我们理解"5"的抽象概念。亚里士多德则认为，我们并不是生来就有这些知识，我们所有的知识都来自经验。也就是说，我们之所以有"5"的抽象概念，是因为我们看到了足够多的5个实体的例子。这就是所谓先天论与经验论的差异，而孩子认识世界的真相，很可能介于这两者之间。

在人类大部分历史中，很多事情我们无从解释，比如火、风暴、旱灾、疾病，甚至太阳的升起落下。所以，我们用神话、魔法来解释，尤其是那些影响我们生存的自然现象。就这一点而言，孩子可能与人类初民很像，他们很多时候都是泛灵论者，相信自然现象背后是有动机的。

但从另一个角度来说，孩子关于这个世界的解释模型并不是封闭的，而是开放的。由此，他们的思维方式又接近科学家。科学始于观察与提问，为什么太阳每天早上升起，晚上落下？一开始，孩子也许会根据自己的经验给出一个解释，比如太阳是一个勤奋守时的老公公，每天早起上班，晚上回家睡觉。跟希腊神话其实没有什么本质区别——一个太阳神每天驾着烈火战车从东至西穿越整个天际。但是，当发现新的证据与自己之前关于"守时老公公"的解释不相符时，或者获得一定的天文学知识之后，他们就会重新审查证据，修正自己的理论。

早期的儿童研究者们，比如卢梭和皮亚杰都认为，不回答孩子的问题，才能让他们成为更好的科学家。他们担心，孩子提问时，会不假思索地服从于成年人的权威。

但现代心理学的证据显示恰恰相反。好奇心是一种脆弱的东西。孩子的好奇心取决于两个因素：第一是孩子的基本认知能力；第二是父母对于孩子不成熟的问题的反应。也就是说，好奇心是一个反馈循环系统，得到鼓励，就会增强，被无视，则会减损。只有当孩子的问题得到积极、真诚的解释，他们才会回应以持续的思考和深入的好奇心。提问—寻求解释—积极纳入新信息—形成新问题，构成了孩子探索世界的基本认知循环结构，这种结构与科学家探索世界的方式恰好是一致的。

就孩子的好奇心而言，最令人震惊的是它的规模。2007年，加州大学发展心理学家米歇尔·乔伊纳德（Michelle Chouinard）记录和分析了4个孩子与家长之间200个小时的对话记录，共两万多个问题。她发现，2到5岁的孩子，平均每分钟要问1到3个问题，平均每小时100多个问题，相当于一年4万个问题。

这些问题通常可以分为两种，一种是为了得到事实，比如一个人、物或行为的名字（这是什么）、功能（有什么用）、地点（在哪里）；

另外一种则是为了得到解释，也就是 how（怎么做）和 why（为什么）的问题。

在 30 个月大以前，孩子问的绝大部分是 what（是什么）、who（是谁）和 where（在哪里）的问题，但在 30 个月之后，解释性的问题会变得越来越多，占比从 4% 增加到 25%。如果按一小时 100 个问题算，一个孩子在家里每小时会要求家长解释 25 次，一年下来，至少一万个 why 和 how 的问题。

科学家认为，这些持续不断的 why 和 how 的问题对孩子来说意义尤其重大，因为通过这些问题，孩子在试图搞清楚一个事物（无论它是物理的、机械的还是社会的）的因果链条，发现事物运作的本质，从而搭建关于真实世界的逻辑基础。

所以，孩子怎么学习？一个孩子到一个新的地方，遇到新的人与事，首先是从第一手经验中了解这个世界的。观察、模仿、玩耍，都是他们了解世界的基本方式。

但世界上还有一些知识或概念，不可以通过第一手的观察或者玩耍式的实验直接获得，比如那些太大、太小、太遥远、太久远的事情，就像细菌、地球的形状、银河系的大小、法国的首都。这种时候，他们必须不断地提问、阅读、倾听等，借助于外部资源，包括工具、书本、电视和大人。但是，这种时候是否意味着他们只能从孩子天然探索式的学习方式转向现代学校灌输式的学习方法，由大人来告诉他们应该学什么呢？

美国教育家、人工智能先驱西蒙·派珀特一生致力于理解孩子是怎么学习的，孩子的学习到底是什么，以及怎样才能更好地帮助孩子学习。他曾经说过："不管学的是什么，只要它能被融入你自身原有的某些模式，学习过程就能变得轻松。"就此，他曾经举过一个很有趣的例子。一个人不擅记花草的名字，他看着一朵花，使劲想名字，就是想不起来。直到有一天，他换了一种办法：先从花的名字开始，想为什么这个名字适合这朵花。于是，死记硬背变成了一个小小的探究游戏，很快他就能很流利地说出各种花的名字了。

我阅读了大量的非虚构类童书，包括科普、历史、自然、艺术等，我发现最好的童书都具备这样一种特征，即在它们要传递的知识与孩子特殊的认知模式之间建立了一种有趣的连接，比如借助于孩子身体感官的本能、游戏的本能、对于因果链条的特殊兴趣等。

就像我很欣赏的科普童书作家史蒂夫·詹金斯在采访中告诉我的："我对孩子的理解力有极大的尊重。无论多么复杂的概念，要与他们的兴趣和好奇心产生关联，为他们提供一些理解世界的工具，剩余的他们自己就会搞定。"

我读到的他的第一本小说是《一秒有多长》，他以时间为尺度，将世间万物巧妙地连接在一起。短短一秒之内，人眨眼 7 次，啄木鸟啄树 20 下，蜂鸟振翅 50 次，蝙蝠发射 200 次超声波，黑曼巴蛇滑出可怕的 7 米，蜻蜓飞行 15 米，飞机航行 244 米，座头鲸的歌声在水下传播 1550 米，光传播 3000000 千米，世界上有 4 名婴儿出生，

2 人死亡，1500 只鸡被杀。然后，詹金斯将时间的尺度从秒扩大到分、小时、天、周、年和整个宇宙的时间长度。

他认为，尺度（scale）是孩子用来衡量世界最简单、最直接的方式。"这是我从自己跟孩子的相处中发现的规律。当孩子面对一个新事物时，无论是动物，还是一种地质特征，或者某种天文现象，他们首先想要的，是一种尺度感。其实不仅孩子如此，一旦事物超出了我们的直接经验范围，连成年人都很难把握尺度。"

他还有一本很有趣的书叫《大熊猫为什么长了黑眼圈》，是以小朋友的口吻采访一群长相怪异的动物。"亲爱的山魈，你的鼻子怎么这么鲜艳？""亲爱的角雕，你头上的羽毛怎么横七竖八的？""亲爱的髯海豹，你的胡须那么长，会痒痒吗？""亲爱的大熊猫，谁给了你一对大黑眼圈？"

他说，孩子可能会觉得一个动物的长相或者行为很诡异，但通过这种因果链的推论，他们会明白，动物之所以长成这种样子，之所以做出这些古怪的举动，背后都是有原因可循的。几乎所有的孩子都对事物的因果链条感兴趣。"为什么"这个问题以及它指向的答案，让孩子以更深刻、更广阔的方式理解这个世界。

虚构类和非虚构类童书在读者中激发的热情是不同的。我们给孩子讲故事时，其实是在以一种文学的方式向他解释世界。虚构故事的主题，比如爱、恐惧、冒险、战胜邪恶与逆境，大都是普世的。你给任何一个孩子读《夏洛的网》、《查理和巧克力工厂》，都能俘获他们的心。美国作家理查德·赖特曾经回忆小时候第一次听到蓝胡子的故事,一个男人连续杀死七个妻子,激发了他强烈的好奇心(他不断地停下来问关于蓝胡子的各种细节)与创造力(他在内心构建了这个谋杀案背后各种可能的情境)。

阅读非虚构类童书的乐趣要微妙得多。很少有小读者会在读到某种蜘蛛神奇的跳跃能力,或者某个大陆板块移动时,激动地大笑或者恐惧地大哭。也不是所有孩子都对同样的非虚构主题感兴趣,有人喜欢天文,有人喜欢动物、地质、工程。但是,非虚构类童书的魅力和价值就在于,它能够将孩子引向一种方法论。

最好的虚构类童书会鼓励孩子提问,告诉他们提问的欲望比获得答案重要,鼓励他们按自己的方式探索和理解世界。观察和衡量自然世界是通往理解的第一步。它会告诉孩子,科学是一个过程,而不是一堆事实。科学的结论本就是供人质疑的。理解科学如何运作,意味着我们知道如何批判性地思考一件事情,我们可以观察事物本来的样子,而不是由别人来告诉我们它们是什么,对这些事物产生新的想法,并验证我们之前关于它的知识是否正确。

但是,我认为,在孩子认识世界的所有工具中,最强大的工具,是一个孩子与一个大人之间爱的关系。孩子首先是从他的社会关系中学习的。当你的孩子问你一个问题,你要给予你所能给予的最诚恳的回答,然后问回去,开启一个简单、真诚、有启发性的对话。很多心理学研究发现,真正影响一个孩子好奇心的,不是父母给予的答案，而是父母提问的方式。

物理学家费曼曾经讲过这么一个故事。小时候，他跟一个朋友在一起玩，看到一只奇怪的鸟，那个小朋友就问他："你知道这只鸟叫什么名字吗？"

费曼说："我不知道。"

那个孩子嘲笑他说："这是褐喉画眉！你爸爸从来不教你吗？"

费曼说："我爸爸当然教我。他让我看那只鸟。他说，'哪怕你知道这只鸟在全世界各种语言里都分别叫什么名字，你仍然对它一无所知。你应该仔细观察这只鸟，看它在干什么，这才是最重要的'。"

Part5

那些古中国的旧欢如梦

爸爸的房子

> 真正的变化，不是来自外部，而是来自内部的渐变，从一种状态变成另外一种状态，不是通过拒绝，而是通过接受随之而来的一切。

疫情最凶猛的时候，躲在家里，闭门不出，经常想起年前采访的杨志成老先生说的，人的一辈子，不过呼吸之间。呼出去的那口气，已经过去了，那是古人的气；口中那口气，是现在的；即将吸进去的那口气，则是将来。所以，一口呼吸里就是三代人，过去、现在、将来。

杨先生离开中国时，还是二十岁的青年，如今已是90岁的老者，不过转眼之间的事情。今日的中国，强盛繁华之处，与他离开时自然不可同日而语。无论人之一生，还是国之命运，衰时思盛，才是世间至理。

我记得当时问他，如果历史只是不断地重复自己，那您投入一生心力，创作一百多本给孩子看的书，又有什么意义呢？

他偷偷转换了问题，回答道："我给孩子写写画画一辈子，觉得最重要的，是要让他们相信，我们内心的宇宙比外部的宇宙更广阔。"

事实上，如今我们一个个被困家中，"广阔"二字，恐怕也只能从内心去寻。问题是，连我们自己都没法相信的时候，怎么让孩子相信呢？

《叶限》

当时，杨志成来中国，是宣传他画的绘本《叶限》，一个据说比西方早了一千年的中国版"灰姑娘"的故事。同样是一个失去母亲的孤女，同样是在继母家中受尽欺辱，同样是魔法、舞会和水晶鞋，以及国王的垂青带来的命运逆转。只不过，在这个故事里，没有仙女教母，只有一架神秘的鱼骨，可能是叶限的母亲精魂所化，也是她在世间唯一的慰藉和守护神。

Part 5　那些古中国的旧欢如梦

我问杨志成,全世界有那么多灰姑娘的故事了,为什么非要再讲一个中国版的呢?

他说,那条鱼就不一样。"鱼,在中国是一个特殊的符号,象征着挣扎。一个人挣扎一生,就是要往上游走。鲤鱼跳龙门,跳过了,才算成人。否则一直往下走,成不了人。"

这本书里,几乎每一页的视觉元素,都幻化成为一条巨大的鱼的形状,叶限的翠纺羽衣,舞会的衣香鬓影……故事发展到高潮,叶限取走金鞋,国王在后面偷偷尾随,画面是两条鱼,一上一下,一女一男,一逃一追,都是阴阳。

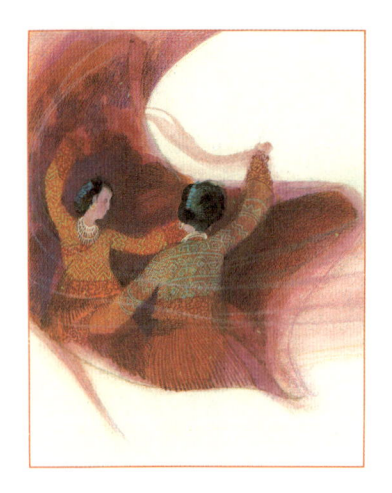

愿你心中有一个广阔宇宙

那天,叶限出现在节日庆典上时,所有人都把目光转向了她。人们窃窃私语:"看那位美丽的姑娘!她是谁呢?"

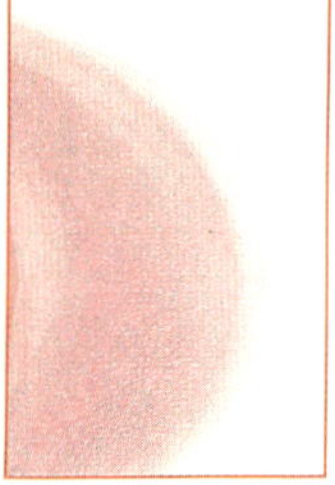

多么可爱,像一位天仙!国王突然间听到了内心的呼喊,他知道自己已经找到了真爱。

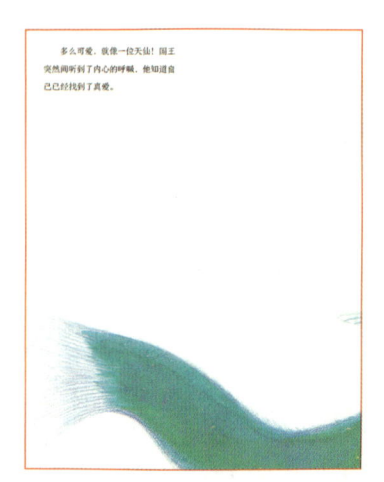

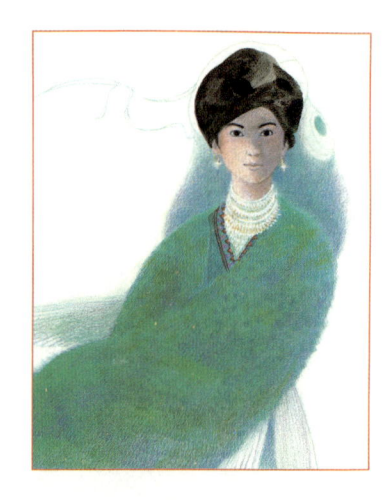

《叶限》最早的记录来自唐代笔记小说《酉阳杂俎》。与欧洲的灰姑娘故事不同，叶限是一个民间故事，有真实的故事原型，邪恶继母与姐姐后来的坟墓"懊女冢"甚至能找到地址。根据《酉阳杂俎》中叶限的故事，国王的贪婪最终招致厄运，大海的波浪淹没了他所有的财富，至于叶限最终的命运如何，也再没提及。当然，杨志成并没有把这些画到给孩子的故事里。

　　但无论如何，比起灰姑娘，这的确更像是一个从中国人灵魂里讲出来的故事。故事着墨更多的，不是国王的爱情，而是孤女的悲苦和死去的母亲冥冥之中的佑护。叶限那身华丽的翠纺羽衣，让人想到的是母亲嫁女时的深情。所以，在文前，杨先生将这本书献给他的母亲和祖母——"被眷恋和被怨恨的母亲，被感谢和被误解的母亲"。

　　杨志成1951年只身前往美国，20多年后才有机会回国探望母亲，对此，他有一段非常动人的回忆。

　　　　这是一个惊奇的事情。因为我二十多年没看见母亲，回国我不知道什么感觉，也不知道我母亲会有什么感觉。电影里看人家二十年没见，哭哭笑笑。

　　　　那时我坐飞机回来，接飞机都不容易，家里没车子，（也）没有计程车，坐公共汽车从飞机场回到家。公共汽车站在四合院外边，离家其实很近。

我母亲那时也七十多岁了,她在公共汽车站等我。

我是黑暗的。她就到我身边。

我家里叫我 Ed。她说:"Ed,你晚饭吃了没有?"

我说:"吃过了,可是都是吃的飞机上的东西。"

她说:"我做了稀饭,有皮蛋、肉松,你今天晚上吃一点。"

就那样,她挽着我的手,我们就一路上走回去。

好像前一天刚刚走,这一天回来,根本没有兴奋什么,好像没有出门过。

《爸爸造的房子》

我试着给孩子读杨志成的《爸爸造的房子》。准确地说,这是一本画册,而不是绘本。本以为那个年代的童年,与今天的孩子隔得太远,但没想到小朋友听得很认真,尤其仔细研究了封底的那张建筑设计图,表示自己长大了也要造一个。

杨志成的父亲杨宽麟,生于 1891 年,是中国著名的建筑工程师。早年赴美留学,回国后曾参与过上海美琪大戏院、大新百货公司、北京王府井百货大楼等建筑的设计。他膝下育有三子二女,三个儿子也都是学建筑和工程,只有杨志成后来转而学艺术。

1935 年,时局混乱,为了保障家人的安全,杨宽麟在上海租界租了一块地,自己设计建造了一幢三层楼的房子。按照协议,他们一家人可以在这个房子里住满20年，之后再将土地还给原来的主人。据杨志成回忆，要到1975年后，也就是他开始着手做这本书时，才第一次意识到，当初父亲是用了双层的砖筑墙，用了近半米厚的混凝土板盖屋顶，以确保里面的过厅经受得住轰炸。但即使不知道这个细节，当时他们五兄妹心中，也一直深深相信，住在爸爸造的房子里，无论外面如何风雨飘摇，他们都会安然无恙。

杨志成并不擅长写作。这本书，是由他口述，他人记录而成。所以整体读下来，有一种不经雕琢的质朴感。每一个句子，仿佛都是从记忆深处随意蹦出，但与之搭配的每一个视觉元素，包括那些泛黄的老地图、旧海报、老照片，以及各种拼贴和折页的方式，显然都经过了精巧的构思。

他的创作，以追求多样化的媒介和新鲜的技法著称，孜孜不倦于从自然中寻找材质、色彩与纹理。据说他每天去画室，同一个故事，先用铅笔画，再用水彩画，或剪纸，或拼贴，以不同媒介、不同表达方式排成一排，让每页连接成故事。"如果这个故事值得讲，我就要找到最好的方法。"

第一页翻开，阴云蔽日，漫天鸦群之下，一家人的淡淡剪影，仿佛从历史深处浮现出来。爸爸造的房子里，有院子，有花园，还有一个游泳池。（当时上海只有两户人家有游泳池，两家都是百万富翁。而爸爸用来建造并维护游泳池的钱是筹集来的——他和另外一群从国外留学回来的家长成立了游泳俱乐部，过了俱乐部开放时间，这里就成了他们的私家泳池。"爸爸相信户外阳光能让我们身体健康,在他的鼓励下,我们整个夏天都泡在游泳池里。")

孩子们在这里读书,画画,养蚕,抓蟋蟀,捉迷藏,玩扑克牌,玩各种假扮游戏——飞行员、登山冒险家、走高空绳索的人、人猿泰山,他们在屋顶滑轮滑,在游泳池里学骑自行车……随着战事升级,这座房子迎来了一批又一批为躲避战争而迁来的亲戚,甚至还有一个来自德国的犹太难民家庭,但对孩子们来说,他们只为了不断增加的玩伴而欣喜。

厚厚的墙外,南京陷落、国族之恨,都只是童年的注脚,就像他们偶尔从远远的云层中瞥见的那两架战斗机,要到成年之后,才能体会其中的伤痛。

在墙内,孩子们的童年平安无虞,充满了欢乐和想象力。对杨志成来说,最快乐的莫过于听爸爸讲故事。爸爸会讲各种迷人的故事,从功夫女侠一直讲到《快乐王子》。事实上,杨先生成年后创作的很多绘本,都是他小时候听过的故事,包括曾经为他拿到凯迪克大奖的《狼婆婆》(他笔下的狼婆婆,眼神中的确有着独属于中国孩子噩梦里的那种诡谲)。他说,家不仅是你出生的地方,也是你心中一再回去的地方。一次次重述那些小时候爱过的故事,是他回家的一种方式。

当然,并非完全没有匮乏的记忆,比如饥饿,"我们一个个瘦得像竹竿一样,总是觉得饿"。半个多世纪后,他创作了一本《饥饿山的猫》，讲一只财主猫如何从锦衣玉食、挥霍无度沦落到当街乞讨、饥寒交迫，终于明白知足是福的道理。这个故事里不仅有关于过去的记忆，更是对未来的警醒。他说，我们的文明现在就是自杀。海洋、空气、泥土都是污染的，人都变成不健康的人，下一代怎么办？人怎么活下去？

"人的饥饿是没有底的"，他告诉我。所以，在那个故事的最后，他用一个小罐子的签条道出人生的真谛：唯吾知足。

其实，《爸爸造的房子》也是如此。在那本书的最后，20年租约到期，兄弟姐妹分散各地，但父亲留下的一封信将他们永远连接在一起："亲爱的孩子们……你们可将此作为首要准则记下：生命不会有真富足，除非你与他人分享。生命是否成功、是否快乐，并不在于你为自己做了些什么，而在于你为他人获得的成就。"

如果不是这本画册，我们恐怕很难想象80多年前的中国，曾经有过一位父亲，为孩子营造过如此完美的童年。杨志成承认，在重构现实方面，人力毕竟有限——任何人类的创造，无论多么圆满，多位全方位，充其量都不过是生命本身的一个碎片而已。但他希望他的父亲会对他还原的这一切感到满意。

《汝若为川涧》

"你要相信，"杨志成告诉我，"命，不是人自己决定的，是天命。

我一生的事情，没有一件是事先计划出来的。"

他说，20岁去美国的时候，他是专心去做外国人的，因为他觉得中国旧的东西已经没有用了。但到美国没多久，他的膝盖就受了伤，十年下来，越来越坏，几乎要绝望，后来机缘巧合，被一位中医治好。那位中医名叫郑曼青，曾做过蒋介石的私人医生，他不仅治好了他的膝盖，还教了他许多中国的传统诗画、医理和太极拳，教他参透了许多他自己无法明白的事理。

他曾经说过，童书创作带他走遍世界，搜寻人类历史上各种视觉叙事的方法，而太极则为他揭示了一个广阔的内在宇宙。在他看来，艺术与太极的相通之处就在于，它们都是关于耐心，关于信任，关于顺应变化，而不迷失自己。真正的变化，从来不是来自外部，而是来自内部的渐变，从一种状态变成另外一种状态，不是通过拒绝，而是通过接受随之而来的一切。

采访那天，他手边刚好有一本《汝若为川涧》，这是他2013年创作的一本绘本。当时，他的妻子去世已有六年，他一直独自抚养两个尚在青春期的养女。他的一个女儿告诉他，经过这么多年之后，才觉得自己终于接纳了母亲已经不在的事实。第二天，这些诗句就出现在了他的脑海里：

  汝若为川涧 吾宁赛急流
  汝若挂高瀑 吾当喊求救

汝为明湖镜 吾即镜中影
汝若一颗子 吾仰望高枝
汝若大森林 吾以风动摇
汝若为清风 吾作涟漪洄
汝若起微波 吾为浅岸接
汝卧冷沙滩 吾供火取暖
汝若一堆火 吾以火炉盛
汝若为烟雾 吾助上升天
汝若现云霞 吾化成万象
汝为霹雳雷 吾以手掩耳
汝若为暴雨 吾以山谷接
汝作虹桥梦 吾亦迎头喜

有一瞬间，这本书让我想起了著名的绘本《逃家小兔》，但其中的爱与痛，却要神秘、深邃、广阔得多，甚至超越了自然的伟力。

少女心，英雄梦

花木兰的迷人之处，大概就在于她实践了属于男人的人生理想，却又归于闺阁。在她曾经自由翱翔的人生里，有一种不同寻常的美。这种美，以女儿的温婉深情为底色，却又明亮、刚强、英姿飒爽。正是这种美，让我们把她的故事传唱了千年。

"女孩成长的无限可能性、丰富性，如霹雳一般在我脑海里闪亮，一个少女的美丽特质和天性，不因为战争而湮灭。"

我对童年的记忆不多，唯独十分清晰地记得一个瞬间，大概是一个雨天的下午，我穿着一双绿色的小皮鞋，走在南方小镇青石板的小桥上。小皮鞋在青石板上敲出很好听的声音，我突然冒出一个奇怪的念头——我想记住这个瞬间。不管将来过去多少年，我会变成什么样子，都要记住这一刻的样子。

那是我对于"自我"最初的记忆。之后人生中多次提取记忆，加深了记忆镌刻的深度，大概也修改了其中不少细节，比如小皮鞋的样式、鞋带的长短、袜子的颜色……

如今回想起来,那双绿色小皮鞋之所以那么固执地留在我的脑海里,除了那一瞬间做出的决定之外,恐怕还因为皮鞋和它发出的声音,第一次在一个小女孩心中触发了性别意识,对于女性之美产生了自觉与困惑。

我把这段故事告诉插画家郁蓉,她把这双小皮鞋画进了《我是花木兰》里。

古代男子的人生理想可以是修身齐家治国平天下,而女子束于闺阁,家庭是唯一的身份属性和人生职责。

花木兰的迷人之处,大概就在于她实践了属于男人的人生理想,却又归于闺阁,确认了女性的身份——"脱我战时袍,著我旧时裳。当窗理云鬓,对镜帖花黄"。

对于木兰的选择,后世当然可以有各种各样的解读。但无可否认的一点是,在她曾经自由翱翔的人生里,有一种不同寻常的美。这种美,以女儿的温婉深情为底色,却又明亮、刚强、英姿飒爽。正是这种美,让我们把她的故事传唱了千年。

一个是北朝民歌中的巾帼英雄,一个是21世纪的上海少女,一个手握兵书,一个抱着绘本,背靠背,隔着千年的时空对话。

两个时空的交接处，一片水草丰茂之间，隐藏着无数童稚可爱的细节和秘密。

老鼠嫁女、蟋蟀弹琴、柳林风声、彼得兔、美人鱼……

还有一些秘密，是外人无从辨认的，比如她的小儿子画的水草、潜水艇，女儿画的撑着油纸伞的宫妆美女。

还有吃树叶的乌龟、舞棍的老人、骑自行车的小女孩……是她为朋友的记忆埋下的秘密。这些秘密遍布全书，包括我的小皮鞋。

所以，对她而言，《我是花木兰》不仅是花木兰的故事，不仅是两个少女穿越历史时空的对话，也是关于个人的记忆，是一个女性到了人生某个阶段，突然想要回头看看，那些日常生活里美的细节，如何一点点汇流成河，形成了今天人生的形状。

"这本书，是我作为一个女人、一个母亲、一个画家、一个中国人，在人到中年之际，将自己的整个人生都放进去了。"她告诉我。

郁蓉自幼受父亲熏陶，对绘画情有独钟，曾就读于英国皇家艺术学院，师承绘本大师昆丁·布雷克，毕业后定居英国，如今是三个孩子的妈妈。我第一次见到她的时候，觉得她就像是那种在最好的阳光雨露中长出来的植物，全身散发出来的那种快乐、活泼与明朗，浑然天成，不带一点矫饰。

她的创作以铅笔和剪纸为主。著名书籍设计师吕敬人这样评价她的风格，"剪刀留下拙朴刀痕的造型，铅笔画出轻松流畅的图影，剪纸洗练的平面凸显出铅笔自然线条的细密，看似随性巧遇的对比之美，栩栩如生，娓娓道来，显现出画家的匠心独具"。

其实，从她的画中，你还能看到与她的导师昆丁·布雷克一脉相承的，一种令人心醉神迷的飞翔感，轻盈、灵动、自由，就像童年本身。

《我是花木兰》从一个现代小姑娘的梦开始，衔接到花木兰的人生，非常巧妙的设计。

铅笔下素淡静谧的梦乡，铺陈出一个牡丹花开、金戈铁马的世界。少女心，英雄梦。隐隐传来战场上的杀伐之声。

一天晚上，我做了一个梦，梦见自己身披战袍，睫毛长长，发带飘逸。我将梦里的模样画了出来。是她——花木兰。

一天晚上，我做了一个梦，
梦见自己身披战袍，睫毛长长，
发带飘逸。
我将梦里的模样画了出来，
是她——花木兰。

木兰舞剑，起手处是小屋门外，炊烟袅袅，是外婆在为年幼的郁蓉扎辫子。

剑锋向天，是成年后的郁蓉带着她的两个孩子在飞行。

飞行是她的小儿子最大的梦想。花木兰则是她童年时代的梦想。

她说自己从小喜欢画画，尤其喜欢画古装美女，喜欢她们长长的头发，挽得高高的发髻，幻想着她们长长的袖子里可以藏很多东西，玻璃珠、玩具、石头、树叶……

"我自小有点像野小子，林黛玉的弱柳扶风不是我的风格，我理想中的女性是英姿飒爽，又很美。花木兰、穆桂英就是我心中最完美的女性。"

翻开内页，仍然是一千多年前花木兰宁静自足的田园生活：母亲在蒸包子，木兰在织布，父亲与姐姐在院子里和小孩戏耍，家里养的鸡鸭满地跑。

孩子调皮的目光移至草丛间，会看到两只小兔子正趴着看书。

这本书里到处都是兔子，因为《木兰辞》有云："雄兔脚扑朔，雌兔眼迷离；双兔傍地走，安能辨我是雄雌？"

外族入侵，战火突起。

"昨夜见军帖，可汗大点兵。"

"东市买骏马，西市买鞍鞯，南市买辔头，北市买长鞭。"

这幅木兰临行前采购战袍和骏马的画卷极其繁复，每一个细部都是童年的郁蓉对于古中国的想象，幼稚的、天真的、可笑的、少女心泛滥，简直像一场不可思议的放纵。

集市上卖酒的，卖胭脂的，卖布料的……

舞剑的，娶亲的，还有孩子的游戏。

风流倜傥的公子在船上吹笛……

是现代小姑娘穿越到了木兰的世界吗？郁蓉小时候养过很多鸟，而且最爱爬屋顶。

冰糖葫芦、面目模糊的兔小姐，还有顶着金鱼缸的江湖艺人……

"人到中年，我越发意识到，需要有一个空间，专门为自己而活。比如我，夜深人静，孩子们都睡觉了，留下一个完全属于我的空间，用画笔创造一个完全属于我自己的美丽世界。跟外部世界的一切都没有关系。至少在画这张图的那一个星期，我是完全自由的。"

终于，余晖下，迎风走来英气勃勃的花木兰。

为了写这个故事，这本书的文字作者秦文君曾经去过古战场，体验花木兰上战场的感受。

"很多遗迹已消失，去甘肃、河南的一些地方，从不断挖掘出来的铁甲、兵刀、长矛里，能推断这里曾是无限空旷的古战场，如今只能看见生生不息的小花小草。我在那无限空旷的地方，看飞鸟的影子、浮动的云彩，浮想联翩。"

郁蓉笔下的木兰，夜间行军，和衣躺在地上，大地为床，天空为被。唯有一席粉红的战袍,为天地之间带来色彩。正如秦文君所说,"女孩成长的无限可能性、丰富性,如霹雳一般在我脑海里闪亮,一个少女的美丽特质和天性,不因为战争而湮灭。"

木兰和衣躺在泥地上,大地为床,天为锦被。

木兰与敌军首领的对决。你注意到木兰的腰带上刻着一朵牡丹吗?

狼烟滚滚处,如果你仔细看那些狼烟,其中仿佛有千军万马在厮杀。

"将军百战死,壮士十年归",如今都化为历史的烟尘。

战争，于残酷中也有诗意。

"可汗问所欲，木兰不用尚书郎，愿驰千里足，送儿还故乡。"

我曾经向唐亚明先生请教，原创绘本到底应该怎么挖掘中国元素？

当时，他笑着说："没有必须刻意强调什么中国元素，因为这是一个民族的本能，就像一个人有家乡，必然会思念家乡，会想为家乡做点什么。"

读《我是花木兰》的时候，我不禁想到了唐先生这段话。花木兰，算不算中国女性的"故乡"？那一缕思乡之情缠绵不绝，穿越千年，令秦文君与郁蓉，当代两位杰出的女性创作者，合作创造出了这样一本书？

对了，我至今没有找到那双小皮鞋。哪位读者找到了，请记得告诉我。

《洛神赋》——问世间情为何物

让今天的孩子读读《洛神赋》也挺好。等他们将来长大了,也许会慢慢体会到其中真正的伤痛,不仅仅是情的伤痛,还有理想的伤痛,有一些理想也许永远不可能实现,但并不妨碍我们去追寻。

我在床上翻看绘本版《洛神赋》,小虫突然凑过来,一幅华美的长卷,被他东摸摸西摸摸,立刻失去了形状。

"虫虫,你看,这就是女娲,她是中国最伟大的女神,创造了世界上所有的东西呢。"虫虫歪着头想了一会儿,问:"妈妈,女娲吃青蛙吗?"

我之前一直怀疑,《洛神赋》这样的书真的适合孩子吗?原来,小孩自有他们的方式进入中国的神话世界。

绘本版《洛神赋》的创作者叶露盈说,她小时候读盘古开天辟地,身体幻化为大地,会有一种微微的惊怖之感。因为如此具体,自己的身体似乎是可以想象那种变化的,眼睛变成日月,头发变成河川,身体变成大地万物……

几年前,她在挪威留学,很被北欧神话所吸引。北欧神话有着一种宿命式的悲剧气质。希腊罗马的神是永恒的,但北欧的神会死,诸神的黄昏就是诸神的末日,而且避无可避。但就像他们的天气一样,经历了极寒、极夜之后,凛冬终会结束,一切又会焕发新生。

她想,中国的神也会死。连女娲、盘古那样的创世神灵都会死。我们的神话里那么多人神相恋的故事,大概与我们的神身上这点凡人的特质多少有点关系。既然同是有限的存在,就有了亲近的可能性。

叶露盈说,在画《洛神赋》时,她阅读了很多古籍,包括《山海经》《抱朴子》《庄子》,作为神怪们地理和形象上的考证,其中不少神灵我都闻所未闻,比如屏翳、拿兹氏、委蛇、风伯,更不知道它们长什么样子,有什么神奇的本事。

雨师妾——屏翳（yì）

中国古代传说中的神，其身份有雨师、云神、雷师、风师等多种说法。有古籍记载：雨师妾在其北，两手各操一蛇，两耳有蛇。晋郭璞注："雨师，谓屏翳也。"

弇（yān）兹

中国古代神话传说中的西方之神。《山海经·大荒西经》记载："西海陼中有神，人面鸟身，珥两青蛇，践两赤蛇，名曰弇兹。"

鲼（lú）

古代传说中的一种怪鱼。有古籍记载：有鱼，其状如牛，其羽在魼下，其音如留牛，其名曰鲼，冬死而夏生，食之无肿疾。

女娲

中国上古神话中的创世女神。《山海经·大荒西经》记载："有神十人，名曰女娲之肠，化为神，处栗广之野，横道而处。"晋郭璞注："女娲，古神女而帝者，人面蛇身，一日中七十变，其腹化为此神。"

娥皇女英

又称皇英。长曰娥皇，次曰女英，是中国古代神话传说中帝尧的两个女儿，姐妹同嫁帝舜为妻。后舜至南方巡视，死于苍梧，二妃往寻，得知舜已死，埋在九嶷山下，抱竹痛哭，泪染青竹，泪尽而死，此竹因此被称为"潇湘竹"或"湘妃竹"。自秦汉时起，湘江之神湘君与湘夫人的爱情神话，被演变成舜与娥皇、女英的传说，后世因附会称二女为"湘夫人"。

Part 5 那些古中国的旧欢如梦

延维
‖
中国古代神话传说中的妖怪。据说吃了它的肉能称霸天下。郭璞因此注释说,齐桓公仅仅是看到它,所以只能称霸诸侯。《山海经·海内经》记载:"有人曰苗民,有神焉,人首蛇身,长如辕,左右有首,衣紫衣,冠旃冠,名曰延维。人主得而飨食之,伯天下。"

𩴤(jué)如
‖
中国古代神话传说中的一种野兽。形状像普通的鹿,却有马一样的脚蹄,还有四只角。

𪄀(lěi)鸟
‖
《山海经》中记载的一种鸟,现实中并不存在。这种鸟外形像喜鹊,却长着红色羽毛和三个脑袋。四只脚,人养着它可以辟火。

风伯
‖
中国古代神话传说中的神怪,又称风师。箕伯,名字叫作飞廉,蚩尤的师弟,相貌奇特,长着鹿一样的身体,头部长得像孔雀,头上的角峥嵘古怪,有一条蛇一样的尾巴。在祁山修炼。

冯夷
‖
中国古代神话传说中的黄河之神。王逸《楚辞章句》引《淮南子》记载:"冯夷,水仙人也,得道以潜于大川也。"

在绘本版《洛神赋》里，她并没有刻意构建一个奥林匹斯山或者阿斯加德那样的神域世界。但是，洛神离开前，众神降临到洛水边相迎，那一瞬间的神光乍现，足以令凡人目眩神迷，呼吸不畅。

《洛神赋》中说，"尔乃众灵杂遝，命俦啸侣。或戏清流，或翔神渚，或采明珠，或拾翠羽"。

你可以想象，突然之间，天黑下来，各方的神灵蜂拥而至。从画面上看，整个世界仿佛被灌进了一阵大风，山崩地裂，风起云涌。有人在黑夜里睁开眼睛，是不动明王。"眯着眼睛看，如果忽略明王的脸的造型，他的整个身体就是天空。"

众神为何会来？是洛神的神力召来，还是之前就约好的聚会？就只能各凭想象了。

无论如何，这就是中国古人想象神的世界，华美中带一点压抑，神秘中带一点恐怖，空灵中带一点幻灭。

只不过，叶露盈植入了一些纯粹属于她个人的想象，比如荷花怪、长嘴巴的脚趾、水母的凤辇；张牙舞爪，会发电、通天地的螃蟹；刚刚孵化出来的小海龟会发光，游来游去，如海底的星光点点。为那个令人微觉惊怖的神灵之域添加一点活泼、灵动之感，一个她心目中的"万物有灵"的世界。

愿你心中有一个广阔宇宙

另外一处大的改动在于，读《洛神赋》，你会觉得作者似乎永远都是在远远地看着洛神，但在叶露盈的笔下，一直是洛神带着作者在游历幻境。他们站在山顶看诸神的到来，他一直站在她的身边，他们的披风在大风鼓荡之下高高飞扬。

怎么给孩子讲《洛神赋》中的爱情呢？一个男人在洛水边遇到了一个女神，爱慕她的美丽，于是借水波传情，他们两情相悦，却终究不能在一起，因为一个是人，一个是神？我们如何，或者说，我们应该让他们理解，有一些历史不可以被抽离，有一些秩序不可能被搅乱，有一些理想不可能实现吗？

曾经有一个心理学家问一群孩子，什么是爱情？

她得到的答案是这样的：

特别（3岁）

心（3岁）

糖果与水果，因为是甜的（4岁）

当我的小狗米亚亲吻我的时候（5岁）

我爸爸（5岁）

拥抱（3岁）

气球（3岁）

一切美好的事物（5岁）

互相帮助（4岁）

美好的感觉，分享（5岁）

你不想让她走……你不忽视她（5岁）

可见，随着年龄的增长、生命经验的积累，孩子对于爱的定义渐渐地从对具象的物的感知（糖果、小狗），转化成了某种基于情感、记忆和态度的抽象概念，比如亲吻的感觉、不想分离的心情。然后，才渐渐到青春期的萌动，第一次耳红心跳，第一次伤心，第一次问情为何物……

叶露盈说，曹植初见洛神时的情景，在她的想象里，洛神应该是一位"正在浅水中嬉戏的神异少女"。

《洛神赋》中，曹植第一次描绘洛神，"其形也，翩若惊鸿，婉若游龙。荣曜秋菊，华茂春松。髣髴兮若轻云之蔽月，飘飖兮若流风之回雪"。

"曹植观察洛神的目光很迂回,他用了很多比喻和类比,区区绕绕地在说她的美,真正描写眼睛、眉毛、嘴巴、头发的,只是寥寥几句。但作为绘画者,我必须'直击'她。我必须做一个很具体化、很视觉化的呈现。所以,很大程度上,我是抛开了他的比喻、比拟,完全用我自己对这个女性的直观感受来画的。我不得不说,这是我的版本的洛神,是一种比较自我的想象和理解。"

"水中的少女应该穿不了复杂雍容的汉服,所以,我让她半裸着身体,背上幻化出鱼尾的披风。"

所谓"翩若惊鸿,婉若游龙",她以敦煌的飞天,描绘惊鸿的飞行之姿,以少女长发在水中的飘摇,来形容游龙的柔美之态,强调的是一种真实的飞和游的状态。

至于"披罗衣之璀粲兮,珥瑶碧之华琚。戴金翠之首饰,缀明珠以耀躯",她并没有为洛神披上长长的绫罗飘带,或者佩戴华贵的首饰明珰,而是代之以随着身体动静不断变换的水波。她也没有鞋子，而是踩着水波行走。

这样，远远一看，在阳光的折射之下，她周身充满魔力的波光比任何华丽的服饰都更璀璨。至于河蚌幻化出小仙子，手持长长的珍珠链子在洛神周身飞舞，则完全是少女式的臆想了。

叶露盈说："我小时候最喜欢公主的故事。洛神就是一个海底的小公主。"

其实，在《洛神赋》之前，关于女神的故事也有不少。屈原的《九歌》中，湘水之女神湘夫人苦候湘君，最终也没有等到。在宋玉的《神女赋》里，楚王梦神女，则基本是一场艳遇。但曹植梦洛神，不是追求片刻的肉体欢愉，而更像是渴望一种长久的灵魂之爱。两情相悦，却不能相守，一波三折，终究以悲剧收场，读来也更令人怅惘。曹植的文字、意象、音律如此之美，其实完全可以读原文给孩子听。

在中国古代诗赋史上，很少有作品能像《洛神赋》那样对画家产生如此巨大的诱惑力。自晋明帝司马绍的《洛神赋图》后，顾恺之、陆探微、董源、李公麟、赵孟頫、倪瓒、管道昇、卫九鼎、唐寅、文徵明、仇英、丁云鹏、丁观鹏等历代名家都有此赋的图绘作品。

"无论对曹植，还是对后世画《洛神赋》的画家而言，洛神都代表一种很杂糅的理想。对曹植来说，洛神不仅是爱情的理想，还是他的政治理想、人生理想。对画家来说，洛神也不仅是爱情理想，洛神的美中就有画家的艺术理想。"

但除此之外，恐怕只有叶露盈，以一个现代年轻女性的好奇心，试图理解这场爱情悲剧的发生、递进与终结。

在她的笔下，曹植与洛神的爱情，从一开始就已经埋下了悲剧的伏笔。当时作者自京城返回番地，内心充满了无可倾诉的哀伤与苦闷。

很多时候，我们之所以制造美的理想，正是因为自身的匮乏。

曹植初见洛神，她的美有多么纯粹天然，她的幻境有多么奇幻绚烂，就映衬出他的现实多么晦涩沉郁。

从他对洛神的一见钟情，到一瞬间的犹疑与误解，造成不可弥补的嫌隙；到他们彼此靠得最近的一个瞬间。"这里就像一对交叉线，交叉之后，再往前只能分开了。"

"我总觉得他们之间应该发生了点什么,"叶露盈说,"否则怎么可能'含辞未吐,气若幽兰'?既然你能感觉到对方在吐气,说明应该离得很近。"

最后的分离,看似平静无波,却是全书情感力量最为强烈的一个画面。

"这是幻境关闭的一刹那,所有的鱼都随着它往前走了,只留下两个背影。我对这里表现的纵深感和光的感觉还是很满意的。"

的确,这是决定放下的瞬间,到下一页就是神消光隐、黯然神伤了。

洛神的爱情为何注定是一个悲剧？曹植赋中说，人神殊途，似乎是不可抗的命运使然，但那一瞬间的猜忌犹疑，又意味着什么呢？

我问叶露盈，作为一个女性，对洛神这位女性的理解有什么不同？

"我觉得她是很有力量的。从相爱到离开，都是她主动的。分别后，男方四处寻找，徘徊不去，而她却是情深而不滞，相忘于江湖。"

这样的爱情，对于今天的孩子而言，恐怕是太过复杂和难解了。毕竟，他们更习惯的，是童话和迪士尼中的爱情故事，是公主与王子从此幸福地生活在一起。但人是会成长的。我记得小时候读《海的女儿》，被美人鱼为爱情所做的自我牺牲感动到无以复加。但成年后，那样的爱情非但不再令我感动，反而深为其中的盲目感到恐怖。

也许，年纪再大一点，我也会理解一些评论人所说的，小美人鱼真正想要的，根本不是爱情，而是灵魂的不朽。

所以，让今天的孩子读读《洛神赋》也挺好。那个水边的少女如此美丽，如此可爱，也许会唤起他们关于那些糖果和小狗的回忆，见到她会感到愉悦与亲近，对她的离去会感到惆怅和不舍。等他们将来长大了，也许会慢慢体会到其中真正的伤痛，不仅仅是情的伤痛，还有理想的伤痛，有一些理想也许永远不可能实现，但并不妨碍我们去追逐。

在高山大河里读懂中国

不久前，我在英国采访一位考古学家，她提到英国人与海洋之间的关系。她认为，英国人之所以热衷于探险，是因为他们有海岸线，有好的造船技术，以及相对的贫困——需要找到新的资源。

"我们对海有很多恐惧，同时又很敏感，因为它离我们很近，在我们的生活中很重要。我们有很多关于海洋的传说与童谣。"她说，"英国的天气变化很大，这都是因为海洋，风来自海洋。"

这段采访经历让我深深意识到自身目光的匮乏：我从来没有以这样的方式打量过中国的大地与历史，也从来没有思考过，这样的大地与历史对于一个时空坐标中的个人意味着什么？

"其实，许多历史事件都应该把地理加上，加上了，问题才完整,才更明白。如果能对历史事件、历史知识都认真地加问一个地理问题,那是个好习惯。比如读鸿门宴的故事,可以问,鸿门在哪里?背《登鹳雀楼》的诗句,'白日依山尽,黄河入海流',一定要问,鹳雀楼在哪里?"在《给孩子的历史地理》一书的序言中,唐晓峰教授这样写道。

这本书是"活字文化"策划的"给孩子系列"中最新的一本。该系列由诗人北岛出面,邀请了国内一线的学术与文化名家为孩子编写各个学科、艺术门类的启蒙书籍,题材涉及诗歌、散文、寓言画、小说、汉字、音乐、美学等各个领域,其中大部分是作品选编或者作者自己经典作品的改编,而《给孩子的历史地理》则是唐晓峰第一次专门为孩子撰写的一本关于华夏文明的启蒙书。

唐晓峰是著名的历史地理学家、北京大学城市与环境学院教授,主要从事城市历史地理、中国先秦历史地理、地理学思想史等方面的研究。北岛一开始找到他的时候,他的第一反应是:"给孩子写这个干吗?"

即使对成年人而言,"历史地理"也是一门相对陌生的学科。虽然我们小时候也学过地理、历史,但这两门学科在时间与空间上常常是割裂的。而历史地理学则是在时间与空间的交集中研究中国大地,以及在这片大地上发生过的那些事情。"中国的大地,是被几千年的人文、文化一遍一遍又一遍,一个朝代一个朝代又一个朝代地反复书写的,只有历史地理才能系统地告诉你。"唐晓峰告诉我。

这本书虽是以"孩子"为目标读者，但阅读难度不小，尤其在视觉呈现上缺乏有效的手段。但即使作为一个成年人，认真阅读下来，也觉得收获颇丰，对自己所处的文明有了不少认知上的刷新。比如小时候读历史课本，只知道华夏文明起源于黄河流域，而再往前追溯，原来还有六个各自独立发展的原始文化源地，彼此在地理空间中编织交融之后，才出现了高一级的整体性文化。

再比如"禹迹"（大禹做过事、留下过痕迹的地方）、"九州"（华夏文明最核心的九个地域）、"五服"（以皇权为中心，根据对周边文明程度高低的想象，由内而外分出的五个区域），这些天下观念是如何建立起来的？有多少人明确地知道这些概念的源头？

我们只知道丝绸之路、陶瓷之路，又有多少人知道，中国古代的域外交流通道中还有一条草原之路，从蒙古草原往西，一直延伸到黑海北部，并为中原带来了绵羊饲养技术和雕像艺术？

在阅读过程中，会思考一些平常极少会去思考的大问题，比如华夏文明的源头在哪里？又是如何壮大起来的？一个疆域如此辽阔的国家是如何运转的？不同地区地理和生活方式上的差别是如何形成各自的文化风俗的？……

其实，为孩子勾勒一个华夏文明发展的基本脉络并不难，难的是如何让他们对脚下的大地产生好奇，从而转换一种打量大地的目光。就这一点而言，我觉得书中最精彩的一章是关于中国的高山文化。

唐晓峰认为，在很长的历史里，中国人对海洋是很不重视的。对于海洋，我们既缺乏现实主义的理解，又缺乏想象。海洋里的东西，要么是神仙，要么是最不值得关注的东西，海岛上的居民，被称为"岛夷"，是最下等的。但中国人与高山的关系却非比寻常，甚至可以说："不懂高山文化，就不懂中国。"

"展开一幅中国地图，你会看到许多山脉，纵横分布在中国大地。这些大山曾经是早期人类发展的障碍，但华夏祖先们没有被这些大山挡住发展的视野。征服高山、翻越高山，把高山变成自己的领地，令高山也闪现文明的光芒，这是中国独特的历史地理。"

唐晓峰认为，华夏文明的壮大，疆域的拓展，正是在一座座高山的跨越中一步步实现的。比如春秋时期，秦国势力翻越秦岭，占据四川盆地，经济实力大增。晋国翻出太行山，获得"南阳地区"，不久称霸。之后，韩、赵、魏三家分晋，个个选择向山外拓展，最终被列入"战国七雄"。

唐晓峰自号"三山堂"（"三山"是指阴山、燕山、太行山），这三座山不仅是他曾经生活过的地方，也是他学术生涯中研究的重点所在，其中每一座山他都能信手拈来讲出许多故事。比如阴山是他年轻时插队的地方，"天苍苍，野茫茫"歌咏的就是这个地方。中国历史最大的一个主题就是北方游牧民族与农耕民族之间的关系问题，而阴山就是一个标志性的界限，卫青、霍去病就曾在这里打过匈奴。

还有一年，他从西安出发，准备翻越秦岭，刚出城看到那么高大的一座山，不禁倒吸一口凉气："秦始皇哪里来的那么大的雄心壮志，要把山那边的土地和人民归入自己的版图？"

他认为，给孩子讲人文地理是一件很难的事情——"自然地理与孩子之间有天然的契合，树、宝石、沙漠，这些东西很容易吸引孩子。一棵奇怪的树，一只神奇的动物，小孩都会很喜欢。比如食虫植物，多好玩啊。但给孩子讲人文的东西就要难得多，尤其是人文地理，它在很多时候是没有景观的。画在地图上就是各种线，那还是制造出来的线，到了现场是看不到的"。

但是，正是面对秦岭时发自他自己内心的强烈的震撼，多少给了他信心，以及关于这门知识对于一个孩子可能的魅力与价值。

"了解了这些知识之后，日后走在中国的大地上，他看到的，不会是一个时间上特别浅的大地，而是一个浸润了漫长历史的大地。中国的山、河、平原、湖泊，都不只是自然之物，而是有丰富的历史意义。比如，当他走到泰山、太行山，他会知道这些山发生过的故事，古人在这些山上寄托过的想象与情感，并且在之后的成长过程中渐渐体味到这些故事更深层的意义。或者，当他走到华北平原，会意识到，这里曾经湖泊遍地，这些湖泊在古代和今天很不一样，不仅可以打鱼、种荷花，还曾经是盗贼、起义者隐藏的地方。"

"这些大大小小的故事和知识，零零乱乱地塞到脑子里之后，当他再看中国地图时，就不再是简单的平原、盆地、山脉，而是可以将很多历史人物、历史场景放进去。慢慢地，这个大地在他心目中的地位就不一样了。什么是祖国啊？祖国就是这些东西构成的，是历史和大地一起构成的。"

"我们都没有给孩子写作的经验，但创造也好，尝试也好，潜意识里多少都有一种心愿，不是迎合孩子一时的乐趣与好恶，而是指引一个比较严肃的、健康的知识的方向，开启一段更长远的阅读与求知的历程。这些书都不是一两个星期读完就扔的，而是可以陪伴五年十年。一开始，他们也许不能完全读懂，但可以慢慢读，三五年，甚至十年的浸润下来，一生都能散发营养。"